AF494716

HOMELIE XL.

POUR

LE PREMIER DIMANCHE

DE CARÊME.

SUR

LA TENTATION.

Par Monsieur le Curé de Saint Sulpice de Paris.

A PARIS,

Chez RAYMOND MAZIERES, ruë Saint Jacques,
prés la ruë de la Parcheminerie, à la Providence.

M. DCCXII.

Avec Approbation, & Privilege du Roy.

TEXTE

DU SAINT EVANGILE

SELON

SAINT MATHIEU·

EN ce temps-là, Jefus fut conduit par l'efprit dans le defert, pour y être tenté du
Diable: & lorfqu'il eût jeûné quarante jours,
& quarante nuits, il eut enfuite faim; & le
Tentateur s'approchant, luy dit : Si vous êtes
le Fils de Dieu, dites que ces pierres deviennent des pains : mais Jefus répondant, luy dit:
Il eft écrit: L'Homme ne vit pas feulement de
pain, mais de toute parole qui procede de la
bouche de Dieu. Alors le Diable le tranfporta
dans la Ville Sainte, & le mettant fur le pinacle du Temple, il luy dit: Si vous êtes le Fils
de Dieu, jettez-vous en-bas ; car il eft écrit,
qu'il a ordonné à fes Anges de prendre foin de
vous, & qu'ils vous foûtiendront dans leurs
mains, de peur que vous ne vous heurtiez le
pied contre quelque pierre. Jefus luy dit : Il eft

A ij

encore écrit : Vous ne tenterez point le Seigneur vôtre Dieu. Le Diable le tranſporta encore ſur une montagne extrêmement haute, &
luy montrant tous les Royaumes du monde,
avec toute leur gloire, il luy dit : Je vous donneray toutes ces choſes, ſi proſterné devant
moy, vous m'adorez. Pour lors Jeſus luy dit:
Retire-toy, Satan, car il eſt écrit : Vous adorerez le Seigneur vôtre Dieu, & vous ne ſervi-
rez que luy ſeul. Alors le Diable le laiſſa, &
voicy les Anges qui s'approcherent, & le ſer-
virent. *Math.* 4. 1.

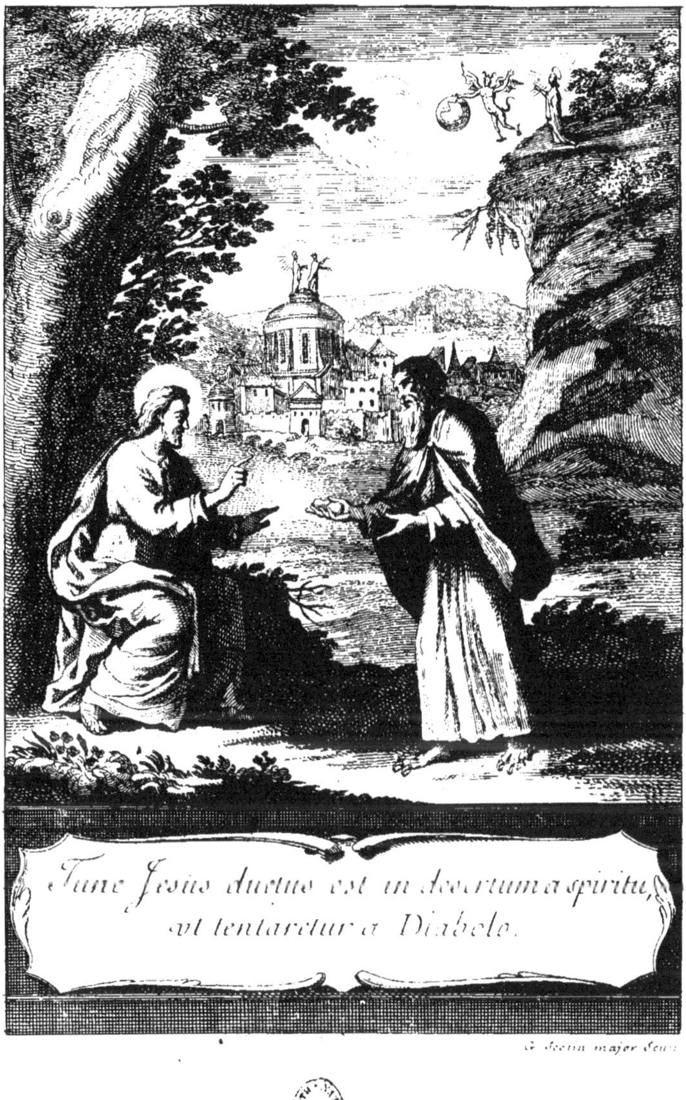

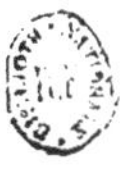

Tunc Jesus ductus est in desertum a spiritu, vt tentaretur a Diabolo.

G. Scotin major Sculp.

HOMELIE
SUR
LA TENTATION.

C'E s t une chofe furprenante de voir que l'Ecriture & les Peres ne nous parlant que des tentations dont la vie des hommes eft continuellement agitée, on en voye cependant une infinité qui difent ne fçavoir ce que c'eft que des tentations. Mais il ne faut pas s'en étonner, parce qu'on ne fent en effet les tentations, que quand on leur refifte; ce que la plûpart d'eux ne font prefque jamais: ils fuivent les inclinations de la nature corrompuë, fans fe mettre en peine de les reprimer; ils n'éprouvent point cette parole celebre, que la vie de l'homme eft une milice fur la terre: *Militia eft vita hominis fuper terram.* Que celuy qui fe prepare à fervir le Seigneur, doit fe preparer à la tentation: *Fili, accedens ad fervitutem*

A iij

Dei, prepara animam tuam ad tentationem. Que le Royaume
des Cieux souffre violence, & qu'il n'y a que ceux qui
se font violence qui le raviffent; qu'il n'y a que ceux
dont l'efprit refifte à la chair, qui l'obtiennent. Tous
ces combats fpirituels font ignorez de ceux qui vivent
fous l'empire du Demon : ces infortunez efclaves d'un
tel maître, ne fentent plus la revolte de leurs paffions;
parce qu'ils n'employent plus ni la raifon ni la vertu
pour les combattre ; qu'ils trouvent douce cette ty-
rannique fervitude, quelque dure qu'elle foit, & qu'ils
croyent avoir rencontré la liberté , lorfqu'ils gemif-
fent fous l'efclavage du peché : *Sed & in magno viventes
infcitiæ bello , tot & tam magna mala pacem appellant.* Aprés
cela, faut-il eftre furpris, fi ces enfans de tenebres igno-
rent que les tentations de Jefus-Chrift pendant quarante jours dans le defert, ne font que la figure des
tentations du Chrétien pendant le cours d'une vie
mortelle , ainfi qu'obferve faint Auguftin : *Et Evange-
lium per ipfius Domini jejunium , quibus diebus quadraginta
etiam tentabatur à Diabolo , quid aliud quàm omne hujus fæ-
culi tempus , tentationem noftram in carne fua qua de noftra
mortalitate affumere dignatus eft prefigurans?* Que fi Jefus-
Chrift voulut incontinent aprés fon Baptême fe retirer dans le defert, ce ne fut qu'afin d'y pratiquer le
jeûne & la priere, vrais exercices d'une ame regene-
rée, & d'apprendre à fes Difciples , premierement,
qu'aprés leur délivrance de la captivité de Pharaon &
de l'Egypte, du Diable & du peché; qu'aprés leur Baptême dans la mer rouge de fon fang, il leur reftoit encore à paffer le defert de ce monde, & à furmonter les

Sap. 14.
22.

tentations qui s'y rencontrent, s'ils vouloient heureu-
sement parvenir à cette terre promise, qui n'est autre
que le Ciel, dont le Baptême ouvre la porte. En second lieu, quels estoient les moyens de ne point soüil-
ler leur innocence baptismale, & de ne point user dans
cet ennuyeux pelerinage les vêtemens qui en sont le
symbole : de plus, qu'il vouloit sanctifier les deserts,
& attirer grace sur tant de saints Anachoretes qui de-
voient un jour les peupler, & continuer sa penitence
& ses victoires sur le Demon. Enfin, qu'il vouloit
apprendre aux Prêtres où ils puiseroient l'esprit Apo-
stolique, & se prépareroient aux fonctions sacerdo-
tales, à l'exemple d'Aaron, appellé, formé, & oint
dans le desert, fonctions que Jesus-Christ commença
d'exercer au sortir de sa retraite, qu'il vouloit estre une
leçon également utile au commun des Chrétiens, aux
Religieux, & aux Ecclesiastiques ; qu'il falloit que l'ancien seducteur, qui par l'intemperance avoit vaincu le
premier Adam dans le Paradis, fût surmonté par l'abstinence du second Adam dans le desert ; que nous
trouverions dans l'exemple & la grace du Sauveur, la
lumiere & la force pour triompher des ruses & des violences de cet ancien serpent ; que nous devions nous
attendre aux tentations, puisque Jesus-Christ avoit
bien voulu luy-même les éprouver, & que nous ap-
prissions à son école quelles sont les armes avec lesquelles nous pouvons les surmonter, qui ne sont autres que la retraite, la meditation de l'Ecriture, & le
jeûne : car on surmonte le monde par la fuite, la chair
par l'abstinence, le demon par la priere ; & qu'on met

le fceau à tant de bonnes œuvres par le filence, qui eft à l'homme fpirituel, ce que la clef du tréfor eft à l'avare : enfin il vouloit faire fentir qu'il eftoit vray homme, & à quel degré d'honneur il affocioit l'homme, en faifant vaincre le demon par l'homme : *Non enim erat à Deo Diabolus, fed à carne vincendus*, dit faint Hilaire.

Hic.

PREMIERE CONSIDERATION.

L'Evangile nous apprend que le Sauveur incontinent aprés fon Baptême, fut conduit par le Saint-Efprit au defert pour y eftre tenté par le Diable : *Tunc Jefus ductus eft à fpiritu in defertum, ut tentaretur à Diabolo.* Surquoy nous pouvons dire, que chaque parole eft remarquable, & par la verité qu'elle exprime, & par le myftere qu'elle renferme, fuivant cet avis de faint Gregoire : *Signate verba, notate myfteria.* Commençons par le premier mot.

1º. *Tunc*, pour lors.

Comme s'exprime faint Marc, *ftatim*, auffi-tôt, pour nous infinuer que les tentations de Jefus-Chrift ayant immediatement fuivi fon Baptême, le Fidele ne doit pas fe troubler, s'il fe fent plus exercé des tentations aprés fa regeneration, & fa confecration à Dieu par le Baptême, ou par la vie religieufe & penitente, qu'il ne l'étoit auparavant, dit faint Chryfoftome : *Non utique turbetur.* Ainfi à peine Adam eft-il mis dans le Paradis terreftre, que le ferpent le tente; à peine Jefus-Chrift eft il né, qu'Herode le perfecute; à peine les Ifraëlites commencent-ils

ils à fecoüer le joug de Pharaon, qu'ils font accablez
de travaux; à peine les Juifs retournez de captivité
prennent-ils le marteau pour reédifier le Temple, que
les Samaritains s'y oppofent; & le Dragon fe tient toûjours devant la femme enceinte, pour devorer fon en-
fant, fi tôt qu'elle l'aura mis au monde. En effet, pourquoy auroit-on armé le Fidele en le faifant Chrétien,
finon pour combattre : *Idcirco enim accepifti arma, non ut
otieris, fed ut pugnes?* Pourquoy l'auroit-on revêtu de
force, finon pour en dépoüiller le fort armé : *Ut fcias
quoniam Chrifti Baptifma multò te fecit fortiorem?* D'ailleurs
pourquoy feroit-il tenté, fi ce n'eft pour le contenir
dans la vigilance & l'humilité au milieu même de fes
victoires ? *Et neque donorum magnitudine extollaris*, pour
faire fubfifter fon triomphe par fon renoncement continuel, aux continuelles follicitations du Demon: *Quòd
perfectâ ab illo abrenuntiatione difceſſeris.* Pour l'affermir de
plus en plus dans le bien, *ut fortior reddaris*, ainfi qu'un
arbre qui s'enracine de plus en plus par les vents qui
l'agitent : pour luy faire voir combien le trefor qu'on
luy a confié doit eftre precieux, puifqu'il eft fi envié :
Thefaurorum à Deo creditorum; Les Demons s'attaquant
particulierement aux Chrétiens qui voyagent en ce pelerinage, & qui font les plus chargez de vertus & or-
nez de merites; femblables aux voleurs, qui dreffent
principalement des embûches à ceux qui portent de
plus grands tréfors. Ce qu'on peut voir, dit toûjours
nôtre Saint, dans Adam, & dans Job : *Hinc adversùs
Adam infurrexit ab initio, quia multâ illum dignitate vidit con-
fpicuum, & Job miris laudibus coronatum, quemadmodum la-*

trones, *&c.* Le Demon ennemi de tout bien, n'ignorant donc pas qu'un édifice nouvellement conftruit eft facile à démolir, une plante depuis peu mife en terre aifée à arracher; un flambeau recemment éteint, plus difpofé à fe rallumer; s'efforce de pervertir d'abord ceux qui déteftant la vie criminelle qu'ils ont jufqu'alors menée, s'animent à la penitence; ou qui renonçant à une vie lâche, fous laquelle ils ont langui, s'excitent à la ferveur, s'élevent à la perfection, & fe dévoüent entierement au fervice de Dieu, avant qu'ils foient bien affermis dans leurs bonnes refolutions, tantôt en les ébranlant par des efforts violens; comme il arriva à ce foible Solitaire, qui cedant enfin aux fuggeftions réiterées d'un fi opiniâtre ennemi, & fortant deja de fa cellule pour retourner au fiecle, fut retenu dans fa chûte par une voix célefte, qui luy difoit: Et les couronnes de neuf années, pour qui feront-elles? *Et coronæ novem annorum cujus erunt?* Paroles qui devroient eftre rappellées dans le cœur de tous les gens de bien, quand ils font tentez: *Tantôt*, en les trompant par des illufions decevantes, comme l'hiftoire fuivante en fait foy: Un jeune Frere de grand merite, *quidam Frater valdè infignis*, & à peine confacré au Seigneur dans le Monaftere de faint Pacome, *parvum tempus cum Fratribus converfatus*, fut incontinent troublé par le Demon, qui pour luy faire perdre la couronne comme affurée de la profeffion monaftique, luy mit en tête d'afpirer à la couronne imaginaire du martyre, *defideravit effe Martyr.* Il va trouver l'Abbé, & luy expofe fon defir, il le preffe d'obtenir de Dieu qu'il puiffe répandre fon

Surius in vita S. Pacom. Majo.

sang pour la Foy : *Roga pro me, Abba, ut possim esse Martyr.* Ce Superieur éclairé luy remontre que c'est là un sifflement de l'ancien serpent, de tout temps jaloux, de tout temps portant envie à ceux qui commencent avec ferveur à se donner totalement à Dieu ; qu'il doit bannir cette pensée de son esprit ; que la vie monastique bien pratiquée estoit un continuel martyre ; que l'Eglise n'estant plus persecutée dans le monde par le glaive, il ne devoit songer qu'à se persecuter luy-même dans la solitude par la penitence : *Cùm mundus in pace ageret, & Ecclesia proficeret.* Tout cela est inutile, ce jeune Frere ne cesse de poursuivre son Abbé, qui fatigué enfin d'une si longue importunité, *volens hanc ejus importunam excutere vexationem :* Allez, luy dit-il, mais si l'occasion se presente de souffrir le martyre, gardez-vous bien de la laisser échaper, & de renoncer à Jesus-Christ, au lieu de le confesser : *Esto, inquit, ego rogabo : sed si venerit hora, cave, ne quod te oporteret servare testimonium, inveniaris negare Christum :* & au reste, ajoûta-t il, ne songez plus à cela, remettant le tout à la providence : *Cumque hoc dixisset, jussit eum non ampliùs hæc cogitare.* Deux ans s'écoulent sans qu'il arrive rien de nouveau, aprés lesquels ce Religieux si desireux du Martyre, estant envoyé porter des alimens à quelques-uns de ses Freres qui travailloient dans une Isle assez distante du Monastere. Le saint Abbé luy dit en le congediant certaines paroles obscures, qui signifioient assez qu'il prît garde à luy, & que le temps du salut approchoit. Or il arriva que chemin faisant ce Frere présomptueux tomba entre les mains d'une troupe de Blemmites,

Barbares tres-cruels, lefquels eftoient defcendus de
leurs vaiffeaux pour faire de l'eau, & qui voyant ce Religieux revêtu d'un habit monachal, objet fort extraor-
dinaire & nouveau pour eux, & dont ils firent diverfes
dérifions, pillerent les vivres defquels l'âne qu'il tou-
choit fe trouva chargé, & fe mettant à offrir des facri-
fices à leurs faux Dieux, & à leur immoler des animaux,
ils voulurent contraindre ce pauvre Frere à les imiter : *Cùm verò eum vidiffent Barbari venientem cum afino, cœpe-*
tunt eum irridere, dicentes : Veni, Monache, & adora Deos
noftros. A quoy ce Religieux refiftant d'abord, ces hommes feroces fe mirent en fureur contre luy, & tirant
leurs épées, la luy porterent à la gorge, prefts de le
maffacrer fur le champ, s'il ne vouloit facrifier à leurs
Dieux ; ce qu'ils prononcerent avec tant de rage, que
ce Moine intimidé confentit enfin à leur abominable
impieté : il offrit donc des liqueurs, & mangea de la
chair immolée à leurs Idoles : *Is autem cùm vidiffet nudos*
enfes, & feros eorum mores, ftatim, vino accepto, libavit eo-
rum fimulachris, & cum eis comedit de carnibus quæ fuerant
immolata idolis : préferant ainfi la vie de fon corps à celle
de fon ame : *Et cùm timuiffet mori morte corporis, interemit*
animam. Aprés quoy ces Barbares le laifferent aller.
Defcendu de la montagne, il ouvre les yeux au crime
énorme qu'il vient de commettre, à l'apoftafie où il
eftoit tombé, à la belle occafion du martyre fi defiré
qu'il avoit perduë ; il déchira fes vêtemens, il fe meur-
trit la face de coups ; il va fe jetter aux pieds du faint
Abbé, qui défolé d'une chûte fi déplorable, aprés avoir
entendu les lamentations de ce malheureux, & luy

avoir fait les reproches les plus fanglans, luy impofa
pour penitence de demeurer renfermé dans fa cellule
le refte de fes jours, fans parler à perfonne, qu'à quelques anciens, qui tour à tour venoient le fortifier dans
fa retraite, & l'animer à la perfeverance; & de jeûner
au pain, à l'eau & au fel jufqu'à la mort: ce que ce Religieux humilié accomplit rigoureufement pendant
dix années, au bout defquelles il s'endormit au Seigneur en paix, laiffant les Freres de fon Monaftere
dans la douce confiance que Dieu luy avoit fait mifericorde, felon que faint Pacome parut en eftre comme affuré de la part de celuy qui ne veut pas la mort du
pecheur, mais plûtôt qu'il fe convertiffe & qu'il vive:
& qui fçait même fi l'humiliation de ce pauvre Ana-
chorete, fi fon jeûne rigoureux, fi fes larmes continuelles, fi fon filence, fi fa trifte folitude, en un mot,
fi fon immolation par une telle & fi longue penitence,
ne fut pas auffi recevable devant le Seigneur, que l'auroit efté l'effufion de fon fang par le coup paffager d'un
glaive qui l'eût fair mourir fur le champ? *Cùm fic autem
decertaffet decem annos, dormivit de ejus requie, bonum Dei
gratiâ ferente teftimonium magno Pachomio.* Telle eft la rage du Demon contre ceux qui commencent avec ferveur, qu'il tâche particulierement alors, *tunc*, ou de
renverfer par fes violences, ou de tromper par fes artifices.

2°. *Jefus*, le Sauveur.

Seconde parole, qui nous apprend que le Demon
ayant ofé attaquer le Saint des Saints, *tentatum per omnia*, dit l'Apôtre; plus les ames font élevées en grace &

en vertu , plus font-elles fujettes à eftre perfecutées
par cet efprit envieux & jaloux de nôtre falut. Le
L. 4. Mor.
c. 21. fuperbe ennemi du genre humain , dit faint Gregoire,
ne daigne prefque pas tenter les pecheurs qu'il tient
de longue main affervis fous fon injufte empire , &
qu'il gouverne à fa volonté : *Nam qui ejus voluntati fub-*
jecti funt , quieto ab illo jure poſsidentur , & fuperbus eorum
Rex quaſi quâdam fecuritate perfruitur , dum eorum cordibus
inconcuſsâ poteftate dominatur. Mais à l'egard de ceux qui
veulent fecoüer fon joug , ou tendre à la perfection,
pour lors fon dépit s'allume , & plein de fureur, il n'y
a effort qu'il ne faſſe , il n'y a violence ni artifice qu'il
n'employe pour les renverfer & les perdre : *Zelo accen-*
ditur , ad certamen movetur , ad tentationes innumeras fe ex-
citat ; & ne comptant prefque pour rien d'avoir en-
glouti le torrent de la mortalité payenne , *abforbebit*
fluvium , & non mirabitur ; il ofe encore fe flater de pouvoir même abforber le fleuve de la regeneration chré-
tienne : *Et habet fiduciam quòd influat Jordanis in os ejus ;*
c'eft ainfi que faint Gregoire l'interprete : *Eos qui Bap-*
tifmatis Sacramento fignati funt deglutire fe poſſe confidit. Le
Demon , difoient les anciens Solitaires , fi éclairez
dans la vie fpirituelle , ne tente prefque pas les pecheurs , parce que leurs habitudes vicieufes leur tiennent lieu de Demons interieurs , plus pernicieux encore que les plus pernicieux Demons exterieurs ; la
guerre inteftine eftant incomparablement plus rui-
neufe que la guerre étrangere : *Dæmones nobifcum non pu-*
P. 670. *gnant , quia voluntates eorum facimus ; fed noftræ nobis vo-*
luntates Dæmones facti funt , & tribulant nos. Mais vous

lez-vous sçavoir quels sont ceux que le Demon fatigue de tentations ? ce sont les plus saints & les plus parfaits, tels qu'un Abbé Moyse & ses semblables ; *Vis scire cum quibus Dæmones pugnaverunt? cum Abbate Moyse, & similibus ejus.* Que les lâches & les imparfaits ne se glorifient donc pas de n'estre point troublez par de grandes tentations ; car le Demon qui les dédaigne, & qui semblable à ce redoutable ennemi du peuple de Dieu, qui disoit de ne point tourmenter ceux qui vouloient servir au Roy Nabuchodonosor : *Quoniam ego nunquam nocui viro qui voluit servire Nabuchodonosor Regi,* sçait bien qu'il ne luy sera pas difficile de les renverser tout à-fait quand il voudra les entreprendre : *Nec tamen infirmos quosque dignatur appetere , quos ubi voluerit citò subvertet :* De sorte que ses grands efforts sont contre les plus affermis dans le bien , afin d'avoir la maligne gloire de les avoir supplantez & vaincus : *Sed fortes ac magnos supplantare per diversa præcipitia aggreditur.* Ce fut ainsi qu'ayant fait succomber au peché de luxure un pauvre Solitaire, qui depuis long-temps menoit dans le desert une vie austere & penitente, on entendit aussitôt dans l'air les malins esprits qui faisoient des éclats de rire de sa chûte, & qui insultant à celuy qu'ils avoient enfin surmonté, luy disoient: Que faites-vous, ô homme parfait? *Quid agis , vir perfectissime ?* Vous à qui la demeure avec vôtre propre frere vous avoit paru contraire à la vie sainte que vous aviez voüée : *Cui etiam frater gravis fuit.* Quoy ! aprés vous estre détaché de vos plus proches, vous avez bien voulu contracter alliance avec une chair étrangere? *Jam jungeris alteri,*

qui receſſiſti à tuis? Vous qui prêchant un nouveau dog-
me aux rochers, & aux arbres des foreſts, ſembliez les
exhorter à la chaſteté ? *Quid agis , qui novum dogma ſilvis
conſtituens , ſuadebas ſcopulis caſtitatem?* Vous vous êtes
vous-même à preſent ſoüillé dans l'ordure de l'im-
pudicité.

3°. *Ductus eſt à ſpiritu ,*
Fut conduit par l'eſprit.

C'eſt-à-dire , qu'on ne doit point s'expoſer de ſoy-
même à la tentation , puiſqu'il eſt écrit , que ce fut le
Saint-Eſprit qui conduiſit Jeſus-Chriſt au deſert pour
y eſtre tenté : *Quia non ſponte nos ipſos in tentationes oporteat
reſilire:* Et pour achever de nous inculquer cette verité, nous liſons dans ſaint Marc, que non ſeulement
nôtre Seigneur fut conduit, mais qu'il fut de plus
pouſſé dans le deſert par le Saint-Eſprit pour y eſtre
tenté, comme pour montrer par cette expreſſion, qu'il
ſe vit en quelque ſorte inévitablement engagé dans la
tentation , plûtôt que par ſon propre mouvement ,
quoyqu'aprés tout rien ne luy arrivât que parce qu'il
le vouloit bien : *Et ſtatim ſpiritus expulit eum in deſertum ;*
& dans ſaint Luc : *Agebatur à ſpiritu in deſertum , & tentabatur.* Combien d'imprudens, pour s'eſtre livrez aux
mouvemens d'une ferveur indiſcrette , ont ils verifié
cette ſage maxime ? Saint Polycarpe, Diſciple des
Apôtres , & plein de leur eſprit , voyant la perſecu-
tion s'élever contre l'Egliſe de Smyrne , dont il eſtoit
le digne Evêque , & qu'on le cherchoit partout pour
le faire mourir, crut devoir ſe cacher à la fureur des
Idolâtres ; mais la providence ayant permis qu'on le
découvrît,

découvrît, pour lors il marcha tête levée au supplice, il fit hautement une profession authentique de sa Foy, il se livra aux tourmens & aux flammes d'un bûcher allumé avec tant de courage & de zele, que le Proconsul & les spectateurs furent effrayez d'une telle constance dans un vieillard âgé de cent ans, *ut ipse etiam Proconsul terreretur :* Au contraire un jeune homme fort & robuste survenant au Tribunal du Juge, se laissant transporter à une ferveur indiscrete, s'offrit hardiment de luy-même au supplice, & se livra à la fureur de ce Juge cruel, *cruento Judici se securus objecit :* mais helas ! à peine eut-il vû les lions & les tigres ausquels on l'alloit livrer pour en estre déchiré, que le courage luy manqua, & qu'il renonça Jesus-Christ, à la grande dérision des Juifs & des Payens là presens : *Missis ad se feris ipso aspectu timore perculsus.* Le Seigneur nous apprenant par ce double exemple, écrivoient les sages Chrétiens Auteurs de cette relation, que celuy-là succombe, qui va de luy-mesme affronter le supplice, & que celuy-là triomphe qui se laisse conduire au supplice : *Et hoc hortamur exemplo, quo videmus cessisse ultroneum, & vicisse compulsum.*

4°. *In desertum.* Dans le desert.

Jesus-Christ fut tenté dans le desert, pour nous apprendre que le Demon ne nous tente jamais davantage, que quand nous sommes seuls destituez des secours que l'exemple, la priere, le conseil & la societé des bons peuvent nous donner : c'est ainsi que le serpent ne tenta la premiere femme, que dand il la trouva seule, separée de celuy qui pouvoit la soûtenir dans sa foiblesse : *Tunc Diabolus aggreditur cùm solos viderit, atque ab*

C

*aliis ſegregatos : ſic mulierem ab initio aggreſſus eſt, ſolam il-
lam excipiens atque à viro inveniens ſeparatam.* De là vient
la ſage précaution de pluſieurs perſonnes, qui voulant
mettre leur ſalut de plus en plus en ſeureté, ſe ſont de
tout temps retirez dans des Communautez regulieres,
pour y vivre en ſocieté avec les gens de bien : *Oportet*

etiam ob hanc cauſam frequenter nos aliis aggregari. Tout cecy eſt de ſaint Chryſoſtome. D'ailleurs, c'eſt que le
Prince des tenebres ne craint rien tant que d'eſtre dé-
couvert, & que nous ne manifeſtions ſes ſuggeſtions,
ſur tout à nôtre Superieur ou Directeur : il ſeme l'y-
vroye pendant la nuit, & lorſque les hommes dorment,
cùm dormirent homines. Quiconque fait le mal, cherche
l'obſcurité, *omnis qui malè agit, odit lucem.* Tandis qu'il
put croire que Nôtre Seigneur ne le connoiſſoit pas, il
multiplia ſes tentations ; mais ſi-tôt qu'il ſe vit nom-
mer, *vade retrò, Satana*, il ſe retira, *diſceſſit ab eo :* Auſſi
étoit-ce une maxime celebre parmy les anciens Anachoretes, qu'il eſtoit plus ſeur de demeurer en commu-
nauté, d'y eſtre ſolitaire en eſprit, d'eſtre ſeul dans la
multitude, que d'eſtre dans la ſolitude, & d'y pratiquer les exercices d'un Cenobite qui vit en commu-
nauté : *Melius eſt enim ut cum multis ſis, & ſolitariam vitam agas voluntate, quàm cùm ſolus ſis, eſſe cum multitudine
propoſito mentis.* C'eſt pourquoy un Cenobite demandant à l'Abbé Moyſe qu'il luy dît quelque parole d'é-
dification, *petens ab eo ſermonem*, ce ſaint & experimenté
Vieillard luy repartit : Mon fils, demeurez renfermé
dans vôtre cellule, & les murailles de cette ſilencieuſe
école vous inſtruiront mieux que les entretiens des

hommes les plus fpirituels : *Et dix't ei fenex : Vade , &*
fede in cellâ tuâ, & cella tua docebit te un:verfa. Voulant luy
apprendre à joindre le recueillement de la vie eremi-
tique avec les exercices de la vie commune : à quoy
une pieufe Abbeffe des deferts ajoûtoit fçavoir, que
bien des Anachoretes retirez feuls dans les monta-
gnes, s'eftoient enfuite perdus, quand au fortir du defert, ils avoient frequenté le monde ; tant cet état affer-
mit peu dans la vertu, en comparaifon de la vie ceno-
bitique : *Dixit Abbatiffa , multi in monte pofiti ea que popu-*
laria funt agentes , perierunt.

5°. *Ut tentaretur.* Pour y eftre tenté.

Jefus Chrift fut conduit dans le defert pour y eftre
tenté, *ut tentaretur :* fur quoy il eft à propos d'obferver,
que les tentations dans le langage ordinaire, fe pren-
nent communément pour des mouvemens de la convoitife, qui s'excitent en nous, & qui nous portent au
peché : que c'eft une certaine langueur d'ame, & un af-
foupiffement, fpirituel, qui venant à croître, conduit
à la mort du peché, fi on ne refifte à fes charmes, &
que Dieu permet arriver aux Juftes mêmes, afin de les
éprouver, de les humilier, de les fortifier, & de les épu-
rer de tout ce qu'il y a de terreftre en eux, comme dans
un creufet d'humiliation : *In igne probatur aurum & ar-*
gentum, dit le Sage, *homines verò receptibiles in camino hu-*
miliationis: & cela pour avoir lieu de les enrichir de merites, & de les couronner de gloire. C'eft ainfi qu'il eft
dit de Tobie, qu'à caufe qu'il étoit agreable à Dieu, il
avoit efté neceffaire que Dieu l'éprouvât. *Et quia acce-*
ptus eras Deo, neceffe fuit ut tentatio probaret te. C'eft encore

ainſi que ſaint P aul, pour eſtre préſervé de l'enflure de
cœur, eſtoit ſouffleté par un Ange de Satan, & que ſa
tête eſtoit abbaiſlée par le poids de cette humiliation,
de peur qu'elle ne s'élevât par la grandeur de ſes revelations : *Caput cædebatur, ne caput extolleretur*, dit ſaint
Auguſtin. O poiſon de l'orgueil, continuë ce P ere,
dont un autre poiſon eſt le préſervatif! *O venenum, quod
non niſi veneno curatur!* O precieux theriaque, qui ſe forme du venin même du ſerpent, pour guerir le morſure
du ſerpent ! *O antidotum, quod de ſerpente conficitur, prop-
terea theriacum nuncupatur.* Mais, ajoûte ce grand Doc-
teur, trois choſes doivent engager les Juſtes à reſiſter à
la tentation : La premiere eſt la certitude d'eſtre regar-
dez par celuy pour lequel ils combattent : *Clamat de
cælo, ſpecto vos.* La ſeconde, d'eſtre par luy fortifiez &
exhortez à tenir ferme dans le combat : *Pugnate, adju-
vabo.* Et la troiſiéme, d'eſtre aſſurez qu'enfin un jour
leurs victoires ſur la terre ſeront recompenſées dans le
Ciel : *Vincite, coronabo.* Au contraire, ſi par infidelité l'on
y ſuccombe, on doit s'attendre à des ſuites auſſi fune-
ſtes que longues : parce que le corps eſt moins capable
d'eſtre retenu dans ſes appetits, lorſqu'une fois il a goû-
té le plaiſir de les ſuivre ; & que c'eſt une dangereuſe
illuſion, de croire qu'on ſe délivrera de la tentation,
en la ſatisfaiſant du moins une fois : ainſi l'on peut ai-
ſément s'empêcher de ſe précipiter quand on eſt encore droit ; mais comment ſe retenir quand on eſt dans
le mouvement de la chûte ? Il eſt vray qu'on ne peut
eſtre en cette vie ſans éprouver frequemment des tentations : mais ſi nous ne pouvons pas les empêcher de

naître, du moins empêchons-les de vivre, suivant cette maxime des Saints : *Dum hostis est parvus, interfice ; nequitia elidatur in semine ; cùm parvula est cupiditas , elide illam.* s. Aug. Au reste il est d'une pieté éclairée de ne pas ignorer que les tentations de Jesus-Christ n'estoient pas de même espece que les nôtres ; car celles de ce divin Sauveur n'estoient qu'exterieures : *Omnis diabolica illa tentatio foris fuit, non intùs,* dit saint Gregoire ; c'estoit des tableaux qu'on luy montroit au dehors, mais qui ne causoient aucune emotion au dedans ; au lieu que les nôtres ne font que trop souvent des impressions sur les sens, qu'elles excitent la convoitise, qu'elles troublent la raison, qu'elles revoltent la chair contre l'esprit, & la partie inferieure contre la superieure : *Caro concupiscit adversùs spiritum.* Voyons-en un exemple dans cette celebre Penitente, laquelle interrogée par l'Abbé Zozime, si lors de sa conversion elle avoit bien éprouvé des peines & des difficultez : *Nihilne repentinæ immutationis & conturbationis sensisti ?* Tres-saint Abbé, luy répondit elle, je frémis tellement, quand je pense aux terribles combats qu'il m'a fallu rendre : *Rem nunc me interrogas, quam dicens valdè contremisco ;* que je crains même à present qu'en les rappellant, & vous les exposant, je ne me cause du trouble ; c'est pourquoy je vous prie de me dispenser de ce triste recit : *Valdè contremisco, si ad commemorationem venero, timeo enim ne ab eisdem aliquam patiar tribulationem.* Non, luy repliqua Zozime, ne laissez rien, ô bienheureuse Mere, de ce que vous avez souffert, que vous ne me manifestiez : *Nihil relinquas, ô Domina, quæ non indices indiminutè.* Croyez-moy donc, saint Abbé, reprit-elle, je n'exagereray point quand je vous diray que dés le commencement de ma retraite dans le desert, je me vis assaillie, & comme livrée en proye à une foule de convoitises brutales, comme à autant de bestes feroces & impitoyables, contre lesquelles il me fallut combattre pendant dix-sept années : *Feris immansuetis & irrationabilibus eluctans desideriis :* quand je me sentois pressée de manger & de boire dans ce desert aride, où j'éprouvois si vivement & si souvent les aiguillons de la faim & de la soif, aussi-tôt les mets délicieux de l'Egypte, & les vins exquis que j'avois tant aimez au monde, me revenoient dans l'esprit : & quand l'ennuy de cette solitude affreuse où j'étois, m'accabloit, les chansons lascives, & les airs amoureux, que j'avois entendus dans le siecle avec tant de plaisir, venoient retentir à mes oreilles, & amollir mon cœur : *Fiebat mihi, & de luxuriosis nimium desidederium perturbans, & reducens ad memoriam dæmoniorum cantica quæ in sæculo didiceram :* mais helas ! comment vous raconter les sentimens de luxure qui s'emparoient de moy ? épargnez moy cette confusion, tres-saint Abbé : *Quomodo tibi enarrare possum, Abbas ignosce ?* L'ardeur de la convoitise embrasoit mon corps déja tout desseché, & me brûloit toute entiere de sa flamme impure : *Ignis intus infelix corpus meum nimis succendebat, & totam me per omnia exurebat.* Dans ce déplorable état, pleurant amerement, & frappant ma poitrine, je rappellois dans mon souvenir celle que j'avois donnée à Dieu pour caution de ma fidelité, la sainte Mere de Dieu, qui m'avoit prise sous sa protection, lorsque je l'avois priée devant son image : *Mox autem lachrymas , & pectus meum percutiens , meipsam ad memoriam reducebam de convenienti fide dictionis quam feceram ante imaginem sanctæ Dei Genitricis , quæ me & in fide suâ suscepit, &c.* & à ce souvenir je ne cessois de luy demander avec larmes, qu'elle chassât de moy ces abominables idées & ces honteuses representations : *Et ante illam plorabam , ut effugaret à me cogitationes, &c.* Et pour lors il me sembloit que je voyois devant moy cette tres-pure Vierge, *ipsam mihi veraciter adstare ;* qui d'un regard severe me faisoit de terribles menaces, me montrant le glaive déja tiré de la justice de Dieu contre moy, & la grandeur des châtimens qui m'étoient préparez si je succombois à ces tentations : *Pœnas prævaricationis mihi imminentes.* Dans ces terribles agitations, je me jettois par terre, que j'arrosois de mes larmes, conjurant la tres-pure Vierge de me secourir , & je ne me relevois point, que je n'eusse esté favorisée d'une lumiere resplendissante, qui se répandoit autour de moy , & qui m'établissoit dans une paix interieure & une joye permanente : *Tunc videbam lumen undique circumfulgens me , & serenitas mihi quædam stabilis mox fiebat.* Telles sont les tentations & les épreuves ausquelles les hommes mortels sont exposez en cette vie.

6°. *A Diabolo.* Par le Diable.

Jesus-Christ fut tenté au desert par le Diable, sans doute par cet Ange apostat & rebelle, qui dans le Ciel voulut s'égaler au Tres-haut, & mettre son thrône au-dessus des nuées, fragile fondement de son elevation, qui par ses impressions malignes & son mauvais exemple, attira la troifiéme partie des Anges dans fa revolte & dans fa ruine; qui par fes pernicieux artifices fupplanta le premier homme dans le Paradis terreftre: *Pofuit in cœlo bellum, in paradifo fraudem, inter duos fratres odium, & in omni opere noftro zizaniam feminavit*, dit faint Auguftin; qui déprava la nature humaine, qui entraîna prefque toute la terre dans l'idolatrie, qui fe fit adorer par les Nations infideles, & qui figuré par ce fort armé de l'Evangile, & devenu fier de tant de victoires, ofa bien tenter Jefus-Chrift, & le crucifier par la main des impies. Enfin qui lors de la confommation des fiecles, fortira de l'abîme où prefentement il demeure enchaîné; qui feduira de nouveau les peuples répandus aux quatre coins de la terre, & les entraînera dans la derniere apoftafie : c'eft donc celuy-là particulierement qui dans nôtre Evangile tenta Jefus-Chrift, & qui tout lié, tout défarmé, tout humilié, tout affoibli qu'il foit à prefent, depuis que le Sauveur l'a vaincu, ne ceffe cependant avec les Demons fes complices, de faire une guerre implacable aux Saints, & dont les tentations ne peuvent eftre que redoutables aux hommes, toûjours foibles & fragiles : c'eft pourquoy, difoit l'Apôtre aux premiers Fideles, fortifiez-vous dans le Seigneur, mes chers Freres, & dans fa vertu toute-puiffante, *& in potentia virtutis ejus*; reveftez-vous des armes de Dieu, afin de pouvoir vous défendre des embûches & des artifices du Diable : *Induite vos armaturam Dei, ut poffitis ftare adverfus infidias diaboli* : car nous avons à combattre, non feulement contre la chair & le fang, *quoniam non eft nobis colluctatio adverfus carnem*

&

& sanguinem, mais contre les Principautez & les Puiſ-
ſances, *ſed adversùs Principes & Poteſtates*; contre les
Dominateurs du monde, & les Maîtres des tenebres
du ſiecle, contre les eſprits de malice répandus dans les
lieux ſublimes: *Adversùs mundi rectores tenebrarum harum,
contra ſpiritualia nequitiæ in cœleſtibus*; paroles qui nous découvrent combien les tentations des Demons ſont à
craindre. Premierement, parce qu'ils ſont d'une nature ſuperieure à la nôtre, des eſprits purs, des ſubſtan-
ces immaterielles, fortes, agiſſantes, infatigables, inviſibles, inacceſſibles, invulnerables, Seigneurs en
un ſens, & Princes de ce monde, regnans & dominans
dans les airs, élevez dans la region ſuperieure des éle-
mens, des eſprits nuiſibles, malfaiſans, malins, *contra ſpiritualia nequitiæ in cœleſtibus*; mais pardeſſus tout
ſubtils & artificieux, figurez à bon droit par le ſerpent
ancien, *callidior cunctis animantibus*, qui par ſes ſinuoſi-
tez, ſes plis & replis, & ſes tortuoſitez, ſe gliſſe ſou-
vent dans les cœurs les plus reſſerrez, & abuſe de la
ſimplicité de l'homme, s'il n'eſt continuellement at-
tentif à écraſer la teſte de cet ancien aſpic, ſuivant meſ-
me la permiſſion qui luy a eſté accordée, de tendre des
pieges au talon des enfans des hommes, *& tu inſidiabe-
ris calcaneo ejus*. Auſſi, comme obſerve ſaint Chryſoſtome, l'Apôtre ne dit-il pas que nous avons à repouſſer à force ouverte les attaques & les inſultes viſibles
du Diable; mais que nous prenions garde aux pieges
qu'il nous dreſſe : *Non dixit Apoſtolus, adversùs pugras,
neque adversùs bella, neque enim propalam & apertè nobiſ-
cum bellum gerit inimicus, ſed ex inſidiis*. De là vient un

F

nombre infini de pareilles expreſſions dans l'Ecriture
& chez les ſaints Peres les plus éclairez dans la vie ſpirituelle, entr'autres de ſaint Macaire, qui nous apprend
que le Demon a trois portes ; l'une, par laquelle il entre dans le cœur de l'homme ; l'autre, par laquelle il
en ſort ; la troiſiéme, par laquelle il y revient : *Tripli-
ces fores habet, quibus intret, quibus elabatur, quibus redeat.*
Trois choſes, dit ſaint Iſidore, découvrent la force des
tentations du Demon ; combien elles ſont à craindre,
combien nous devons eſtre vigilans pour les découvrir & les repouſſer, combien nous devons nous défier
de nous-meſmes, & recourir à la priere, pour les ſur-
monter & les vaincre ; leur vivacité naturelle, leur ex-
perience de tant d'années, la connoiſſance que les plus
élevez d'entr'eux donnent à leurs inferieurs : *Dæmones
triplici acumine vigent, ſubtilitate naturæ, experientiâ tempo-
rum, revelatione ſuperiorum poteſtatum.* Au reſte, entre tous
les noms qui marquent le plus ſa haine contre le genre
humain, il n'y en a point qui luy ſoit plus frequemment donné que celuy de *Diable*, c'eſt à-dire, d'ac-
cuſateur & de calomniateur, déferant nuit & jour les
hommes au Tribunal de la juſtice de Dieu, demandant
vengeance contre eux, & médiſant d'eux : *Projectus eſt
accuſator fratrum noſtrorum*, s'écrient les Bienheureux,
en ſe rejoüiſſant de ce que Jeſus Chriſt a chaſſé du Ciel
le Demon, *qui accuſabat illos die ac nocte ante conſpectum
Dei* ; tantôt blâmant leurs inclinations, quand il ne
peut condamner leurs actions, ainſi qu'il fit à l'égard
de Job, qu'il aſſuroit ne ſervir Dieu que par intereſt, &
dans la proſperité, ajoûtant qu'il le maudiroit dans

l'adverſité : *Mitte manum tuam , & tunc videbis quòd in faciem benedicat tibi :* quelquefois s'oppoſant à leurs juſtes deſirs, & à leurs pieuſes intentions, qu'il combat de toutes ſes forces, comme il faiſoit au Pontife dont parle Zacharie : *Et Satan ſtabat ut adverſaretur ei.* D'autres fois demandant permiſſion de les tromper & de les ſeduire, ainſi qu'il parut dans la défaite d'Achab : *Ego decipiam eum , & ero ſpiritus mendax in ore omnium Prophetarum.* Enfin, qui non content d'avoir dévoré Judas, auquel il perſuada de vendre celuy qui devoit le racheter, & de ſe livrer à celuy qui devoit le perdre, dit ſaint Auguſtin : *Ut eum traderet , à quo debuit poſſideri , ne ab ipſo poſſideretur, à quo noluit poſſideri ;* il demanda de plus le pouvoir de cribler le reſte des Apôtres, comme le grain qu'on jette en l'air, qu'on diſperſe, & qu'on agite avec effort : *Devorato Juda,* dit ſaint Jerôme, *ad cribrandos Apoſtolos expetit poteſtatem.* Quoyque cependant ce cruel & malheureux ennemi, ce cruel ennemi des hommes & de luy-même, ſoit perſuadé que ſa victoire, loin de luy valoir l'acquiſition d'une couronne, ne luy doive eſtre qu'une augmentation de ſupplice : *Ejus victoria,* dit ſaint Chryſoſtome, *non eſt in hoc ut coronetur , ſed ut perdat ; non enim incumbit ut dejiciat , ſed ut ſimul dejiciat : jam eſt ergo victus , ipſe enim jam eſt dejectus , & eſt in perditione & in interitu.*

In Pſ. 108. poſt init.

Mais rien ne montre mieux cet eſprit de calomnie, & de maligne accuſation, que ce qui qui arriva à ſaint Antoine , au rapport de ſaint Athanaſe , qui nous apprend que ce celebre Patriarche des Solitaires , quoyque déja conſommé dans la pratique d'une vie toute

sainte & penitente, se sentit une fois comme ravy dans
la priere , & transporté vers le Ciel par les Anges ,
*cùm orare cœpisset , raptum se sensit in spiritu , & ab Angelis
in sublime deferri;* & là que les Demons attroupez au
milieu des airs s'opposerent fortement à son passage,
prohibentibus transitum aëris Dæmonibus. Interrogez par
les bons Anges des causes de cette resistance, l'ame
d'Antoine estant purifiée de tout crime, *nullis existenti-
bus in Antonio criminibus.* Pour lors les Demons se mirent à raconter tous les pechez qu'Antoine avoit faits
dés son enfance, jusqu'à ce qu'il se fût fait Moine; ce
que les bons Anges ayant rejetté, comme effacé par
la bonté de Dieu, lors de sa consecration dans la Religion, les Demons se mirent à luy reprocher toutes
les fautes qu'il avoit commises depuis qu'il s'estoit fait
Moine,&luy en imputerent beaucoup d'autres dont il
n'estoit pas coupable : *Accusabant Dæmones multa proca-
citer mentientes.* Dans ce moment Antoine revenant à
luy, passa toute la nuit en prieres & gémissemens, *noc-
tem gemitu ac lamentatione transegit* , déplorant l'aveuglement des hommes, au salut desquels des ennemis
si nombreux, si artificieux, & si puissant devant s'opposer, ils se mettoient neanmoins si peu en peine de
se préparer pour ne pas succomber dans un tel combat, pour ne pas perdre une gloire éternelle, pour
n'aller pas brûler à jamais dans les enfers avec les Demons: *Reputans secum humanorum hostium multitudinem,
& colluctationem tanti exercitûs, & laboriosum iter ad cœ-
lum.* Tel fut l'adversaire qui présuma de tenter Jesus-
Christ dans le desert, *ductus est in desertum, ut tentaretur
à Diabolo.*

7°. *Quadraginta diebus & quadraginta noctibus.*
Quarante jours & quarante nuits.

Cette tentation du Diable, & ce jeûne de Jesus-
Christ pendant quarante jours & quarante nuits, nous
font egalement l'image, selon les Peres, & des tentations dont le Demon exerce les Fideles pendant la
quarantaine de leur vie, & des moyens dont les Fideles doivent se servir pour combattre les tentations du
Demon : *Quia ergo numerus iste laboriosi hujus temporis sa-* *L. 2 de consens. E-vang. c. 4.*
cramentum est, quo sub disciplina Regis Christi adversùs Dia-
bolum dimicamus, etiam illud declarat quòd quadraginta die-
rum jejunium consecravit, dit saint Augustin. L'Ecriture
nous en propose une figure excellente en la personne
de ce Geant formidable, qui pendant quarante jours
se mettant à la tête de l'Armée infidele, ne cessa de
provoquer au combat le peuple de Dieu, à la tête duquel David combattant, remporta une celebre vic-
toire sur ce redoutable adversaire : *Stabant ergo filii If-* *S. Aug.*
raël contra adversarios quadraginta diebus : quadraginta dies
propter quatuor tempora vitam præsentem significant, in qua
contra Goliath vel exercitum ejus, id est, contra Diabolum
& Angelos ejus, Christianorum populus pugnare non desinit.
De sorte que les Fideles doivent imiter les Israëlites,
qui sans discontinuer leur travail, d'une main bâtis-
soient le Temple, & de l'autre combattoient l'ennemi, *unâ manu tenebant gladium, & alterâ faciebant opus.*

C'est une tradition ancienne, que si chaque Fidele
a un Ange Gardien qui luy est donné au moment de
sa naissance, & qui coopere à son salut, il y a aussi un
Demon seducteur qui travaille à sa perte : *Occultior*

quædam traditio eſt, dit ſaint Gregoire de Nyſſe dans la vie de Moyſe, *vetus homo ad nos uſque deſcendit, Angelorum aliquem in adminiculum cuique conſtitutum fuiſſe, naturæque noſtræ corruptorem in omnibus contra adnitentem, pravum aliquem atque maleficum Dæmonem, ad malè vivendum homines impellentem ad ſingulos deſtinatum.* Quel eſt l'homme, diſoit Tertullien, qui dés le moment de ſa naiſſance n'ait pas un eſprit tentateur auprés de luy, qui ſans doute dans les temps qu'il juge les plus convenables à ſes deſſeins pernicieux, luy ſuggere de mauvaiſes penſées, & de mauvaiſes actions, qui medite ſa ruine corporelle & ſpirituelle: *Cui hominum non adhærebit ſpiritus nequam ab ipſa etiam janua nativitatis, animam aucupabundus?* Quel eſt celuy qui ne ſeroit effrayé, & qui ne fût ſur ſes gardes, s'il ſçavoit auprés de luy un hydre ou un dragon toûjours preſt à le dévorer? Mais ce qui rend cet adverſaire ſi dangereux, c'eſt ce que nous enſeignent les Saints. 1°. Qu'il nous dreſſe ſans ceſſe des embûches: *Semper in inſidiis eſt*, dit ſaint Jerôme, *ut vel levem cogitationum noſtrarum ſcintillam ſuis fomitibus inflammet.* 2°. Que cet eſprit ruſé étudie nôtre temperament, nos beſoins, nos diſpoſitions naturelles, pour s'en ſervir à nous porter plus efficacement au mal, d'où vient qu'il ne tenta le Sauveur de manger, que quand il le vit avoir faim: *Eſuriit, & accedens tentator.* Voicy les paroles de ſaint Chryſoſtome là-deſſus: *Cum quanta arte malignitatis ad Chriſtum accedat: quodve præcipuè tempus obſervat; non enim jejunantem tentat, ſed eſurientem.* 3°. Qu'il ne ſe ralentit jamais dans ſes pourſuites, juſqu'à ce qu'enfin à force de nous importuner,

il ait obtenu quelque chofe , s'il peut , ainfi que l'hiftoire de Samfon , fous la figure de Dalila , nous l'infi-
nuë affez : *Pervicaciſſimus hoſtis ille nunquam malitiæ ſuæ
otium facit.* 4°. Qu'il ne fe rebute point pour avoir efté
repouffé , s'obftinant davantage au combat , & à vaincre celuy qui l'a vaincu: *Hoc ipſo quo victus eſt ſuperantem
ſuperare conatur.* 5°. Qu'il s'en va quelquefois,confus à
la verité d'avoir efte repouffé ; mais qu'il revientbien-
tôt aprés avec plus de rage qu'auparavant , menant à
fon fecours fept autres Demons pires que luy , comme il eſt rapporté dans l'Evangile, qui même aujour-
d'huy nous fait voir qu'il ne quitta leSauveur que pour
un temps , *receſſit ab eo uſque ad tempus* , & pour retourner enfuite plus furieux qu'auparavant. 6°. Qu'aprés
nous avoir tourmenté pendant le feu de nôtre jeunef-
fe , il vient encore nous infefter dans la glace de nôtre
âge avancé : *Fatigati ſunt quodammodo hoſtes noſtri* , *jam
etiam per ætatem* , dit faint Auguftin, *acrior pugna juve-
num eſt, novimus eam , tranſivimus per eam* ; *ſed tamen etiam
fatigati non ceſſant , qualibuſcumque motibus infeſtare ſenec-
tutis quietem.* 7°. Qu'enfin il nous pourfuit, & jufqu'à la
mort , & jufqu'au Tribunal de Dieu , comme on le lit
dans la vie de plufieurs Saints , particulierement en
celle du grand faint Martin , quelque don qu'il eût
reçû de delivrer les énergumenes , quelque empire
qu'il exerçât fur les Demons : en voicy un autre exemple rapporté par faint Jean Climaque en ces termes:
Pour établir efficacement la grace de la componction,
& la neceffité des larmes , nous dit ce pieux Abbé , je
croy qu'on ne peut rapporter rien de plus édifiant , ni

de plus capable de nous donner une crainte salutaire, que la fin lamentable d'un de nos Anachoretes : *Histo-riam omnino miserabilem ad ædificationem animarum referre libet* : Un Solitaire de ces lieux, vray amateur du silen-ce, & de la recollection, s'estant exercé pendant plu-sieurs années dans les pratiques de la vie monastique, passoit ses jours dans les jeûnes & les larmes de la pe-nitence, *jejuniis maximè, & lachrymis ornatus* : poussé par le desir d'une plus grande perfection, il se choisit une cellule au pied du Mont Oreb, où il se tenoit étroite-ment renfermé, éloigné de tout commerce humain, privé de toute consolation terrestre, & menant une vie tres-austere, *arctissimo vitæ instituto.* Quelques an-nées s'estant écoulées, il revint dans son Monastere, où peu de temps aprés il tomba dangereusement ma-lade, & fut bien-tôt reduit à l'extremité : la veille de sa mort, on le vit tout d'un coup comme ravi hors de luy, *repentè animo obstupuit*; paroissant tout effrayé, & tournant les yeux à droit & à gauche de son lit : *Aper-tisque oculis ad dextram, atque ad sinistram partem lectuli conspiciebat.* Il sembloit regarder des accusateurs qui vouloient luy faire rendre compte de sa vie, *quasi ra-tionem quidem à se exigerent.* Les Freres presens qui en-touroient la couche du malade, tout étonnez luy en-tendoient crier : Il est vray, j'ay commis ce peché, mais j'ay jeûné plusieurs années pour en obtenir le pardon : *Ita sanè, sed pro hoc tot annis jejunavi* : Ensuite il ajoûtoit : Cela est faux, vous mentez, je n'ay jamais fait ce dont vous m'accusez, *non certè, sed mentimini, hoc non feci*; puis il disoit : Il est vray, je suis coupable de

cela,

cela, mais j'en ay repandu beaucoup de larmes; je me
fuis humilié, j'ay rendu fervice au prochain, *hoc ità,*
ait, fed flevi, fed miniftravi. Enfin il termina ce dialo-
gue furprenant avec fes accufateurs invifibles par ces
paroles : Il eft vray, dit-il, j'ay fait ce peché, j'avouë
n'avoir rien à répondre là-deffus, finon qu'il il y a
une mifericorde en Dieu : *Ita fanè, & quidem ad hoc*
quid dicam non habeo, ideò mifericordia eft. Ce fut pour
tous les Freres prefens un fpectacle bien effrayant,
que d'entendre des chofes fi etranges : *Spectaculum*
horrendum, ac terrificum, un examen bien rigoureux, que
de voir mourir dans l'incertitude du falut un tel per-
fonnage, fectateur du filence, & de la folitude, qui
depuis pres de quarante années vivoit dans la retra te,
& avoit obtenu le don de larmes, à qui on imputoit fi
rigoureufement, & ce qu'il avoit fait, & ce qu'il n'a-
voit pas fait, & cela fur le point de paroître au Tribunal de la Juftice divine : Malheur ! malheur ! Helas! qui
fera fauve ? *In quo etiam, quod terribilius eft, & quod non fe-*
cerat, illi objiciebant, me miferum! &c. qui jam ferè quadra-
ginta annos monachus fuerat, & lachrymarum gratiam ha-
buerat, væ, væ, &c.

Telles font les fept inftructions qui font renfermées
dans ces fept premieres paroles de nôtre Evangile :
Tunc Jefus ductus eft in defertum à fpiritu, ut tentaretur à
Diabolo quadraginta diebus & quadraginta noctibus. Alors
Jefus fut conduit dans le defert pour eftre tenté par
le Diable, & ayant jeûné quarante jours & quarante
nuits. Voyons à prefent quelles furent ces tentations
en particulier, & fuivons l'ordre dans lequel nous li-
fons qu'elles ont efté propofees à Jefus Chrift.   E

SECONDE CONSIDERATION.

Les Saints Peres ont fait plusieurs importantes reflexions sur les Tentations de Jesus-Christ au desert, qu'il est bon de rapporter icy.

Il n'est fait mention dans l'Evangile d'aujourd'huy que de trois especes de Tentations, mais helas ! qu'on peut dire estre les sources malheureuses de toutes les autres : Sçavoir, l'amour des plaisirs, l'amour des honneurs, l'amour des richesses, ou la sensualité, l'orgueil & l'avarice, trois pointes de la langue du Serpent qui blesserent le cœur d'Adam & d'Eve, & en leurs personnes celuy de tous leurs descendans : Trois langueurs mortelles, qui n'infectent que trop ordinairement les trois âges de l'homme, voluptueux dans la jeunesse, orgueilleux dans l'âge viril, avare & impie dans la vieillesse, & qui parurent aussi dans la dépravation universelle du genre humain ; car la corruption de la chair inonda d'abord le premier âge du monde ; la superbe de la vie pervertit le second, où l'on ne parloit que de conquêtes, de Heros, de demi-Dieux, d'édifices éternels ; & l'idolâtrie deshonora le troisiéme par l'adoration sacrilege qu'on rendit presque dans toute la terre au Demon, & aux simulacres d'or & d'argent. C'estoit aussi de cette sorte qu'Adam avoit esté tenté ; premierement d'intemperance, d'où naissent toutes les sensualitez de la chair ; secondement d'orgueil, d'où naissent tous les égaremens de l'esprit ; troisiémement d'avarice, d'où naif-

sent toutes les cupiditez du cœur. Enfin ce fut dans
cet ordre que Jesus-Christ fut tenté; premierement,
de gourmandise, ensuite de vaine gloire, & enfin d'a-
varice & d'impieté. Or il est tres-vray semblable que
le Demon, qui s'estoit servi de l'organe d'un Serpent
exterieur pour lier un entretien avec Adam & le séduire, se presenta sous la forme d'un homme au Sauveur, pour tâcher d'entrer en conversation avec luy,
de sçavoir qui il estoit, & de le porter à quelque peché; ce que le Texte sacré nous insinuë assez, quand
il dit, que le Tentateur s'approcha de Jesus-Christ,
qu'il le transporta, qu'il luy parla.

PREMIERE TENTATION.

Cet esprit défiant & rusé, doutoit si le Sauveur
estoit veritablement le Christ, le Messie qu'on atten-
doit, le Fils du Dieu vivant, le Redempteur du genre
humain, ou s'il ne l'estoit pas: Sur tout le voyant sujet
à des necessitez corporelles que ce Roy des superbes,
qui croyoit dans le Ciel pouvoir se suffire à luy-même, ne jugeoit pas estre compatibles avec la Divinité:
Cognoverat quidem Dei Filium esse venturum, dit saint
Ambroise, *sed per hanc infirmitatem corporis non putabat.*
Desirant donc pour s'en eclaircir tirer sur cela quelque lumiere de Jesus-Christ, il luy fit cette interrogation aussi enveloppée que captieuse : *Si vous estes le
Fils de Dieu, dites que ces pierres deviennent du pain.* Cet
Ange apostat, plein d'une jalousie ancienne contre le
Fils de Dieu, vouloit sçavoir si c'estoit luy qu'il voyoit

revêtu d'une nature inferieure à la sienne , afin de l'attaquer par cet endroit, de le supplanter, & de l'enta-
mer par la morsure d'un nouveau Serpent, comme le
premier Adam l'avoit esté par la morsure de l'ancien ,
de contenter sa rage, & de s'opposer à la délivrance
du genre humaine : Il n'ignoroit apparemment pas ,
dit saint Chrysostome , que cette voix celeste avoit
retenti d'enhaut lors du Baptême de Jesus - Christ :
Voicy mon Fils bien aimé : que le saint-Esprit sous la
forme d'une colombe estoit descendu sur luy , & que
les Cieux s'estoient ouverts : mais parce que ces signes,
quoique fort extraordinaires, auroient pû convenir en
un sens à quelque grand Prophete , autre qu'à celuy
qui devoit estre le Redempteur du monde , il ne sça-
voit quel jugement en porter. Il s'efforçoit donc par
toutes ces tentations de le reconnoistre : *In omnibus ten-*
tationibus hoc agit Diabolus , dit saint Jerôme , *ut intelli-*
gat si Filius Dei sit. Telle estoit l'incertitude du Demon
jusqu'alors trompeur , mais pour lors trompé, curieux
de sçavoir quel estoit cet homme si loüé par saint Jean-
Baptiste, si favorisé par la descente d'une colombe celeste, si merveilleux par un jeûne de quarante jours :
il avoit peine à se persuader que Jesus-Christ ne fût
qu'un homme, à cause principalement de cette voix
d'enhaut : Celuy-cy est mon Fils bien aimé ; d'autre
part il avoit peine à croire qu'il fût plus qu'un homme,
à cause de cette faim à laquelle il le voyoit sujet, ne
pouvant comprendre que celuy qui sustente toute
créature vivante , eût besoin luy-même d'estre susten-
té ; de cette sorte la faim du Sauveur luy faisoit croire

qu'il n'étoit qu'un homme ; mais le jeûne du Sauveur luy faifoit craindre qu'il ne fût plus qu'un homme, dit faint Auguftin : *Adverfarium jam timentem qui quadraginta dierum fuerat jejunio vulneratus.* Pour fortir de ce doute qui l'inquiete, & qui luy importe, il a recours au même artifice dont il ufa, lorfque voulant féduire nos premiers parens, il feignit d'ignorer ce qu'il fçavoit, pour apprendre d'eux ce qu'il ne fçavoit pas : *Et ficut in paradifo accedens ad hominem finxit illa quæ non erant, ut quæ erant difceret.* Il dit à Jefus-Chrift : Si vous eftes le Fils de Dieu, dites que ces pierres deviennent du pain. Que d'artifices fubtils, & de fuggeftions malignes, dans ce peu de paroles !

1°. Le Demon pour fe donner une entrée favorable dans la confiance de celuy qu'il cherche de furprendre, & pour penetrer plus aifément fes fecrets, commence par luy donner des loüanges, il luy attribuë la puiffance de changer des pierres en pain, & de les changer d'une feule parole : *Dic* ; merveille qui l'auroit fait connoiftre pour celuy qui d'une feule parole ayant formé la nature, *ipfe dixit & facta funt,* pouvoit transformer la nature d'une feule parole, *nam fi convertiffet naturam, proderet creatorem,* dit faint Ambroife, perfuadé que par cette douce flaterie il fe procureroit quelque réponfe gracieufe, qui pourroit l'éclaircir fur ce qu'il vouloit fçavoir : *Exiftimans poffe fe aliquid per laudum blandimenta furari.*

2°. Il va plus loin : il s'efforce de donner au Sauveur le goût de l'indépendance, & de l'ancienne ambition : Vous ferez comme des Dieux, *eritis ficut Dii,* commandez, luy difoit il, que ces pierres deviennent du pain ; ce qui alloit encore à fuggerer au nouvel homme, comme il avoit fait à l'ancien, des fentimens de revolte & de murmure contre le Créateur : car c'é-toit comme s'il luy eût dit : Si vous eftes le Fils de Dieu, vous n'avez qu'à commander, fans recourir à celuy qui même vous délaiffe dans vôtre preffant befoin, & qui montre bien par cet abandon, s'eftre mocqué de vous quand il s'eft dit vôtre Pere, & qu'il vous a nom-mé fon Fils : *Fruftrà te Filium fuum nominavit, talique do-natione decepit* : Il ne luy dit pas demandez, & vous ferez exaucé, mais commandez, & vous ferez obéi ; la na-ture reconnoiffant fon maître, ne vous refiftera pas : *Dic ut lapides ifti panes fiant* : Il fe garde bien, continuë faint Chryfoftome, de parler de la faim corporelle qu'il voyoit endurer au Sauveur, & de luy dire : Puif-que vous avez befoin de manger, commandez que ces pierres deviennent du pain ; car ce ferpent tortueux ne fongeoit alors qu'à flater Jefus Chrift, & à exalter fa puiffance, pour fe glifler par-là plus imperceptible-ment dans le fanctuaire de fes fecrets, & non à luy re-procher aucune indigence, cela n'eftant bon à ce qu'il jugeoit, qu'à humilier Jefus-Chrift, & par confequent à fermer au tentateur les avenuës d'une confiance qui luy eftoit neceffaire : *Idcirco non commemoravit efuriem, ne hoc ei quafi exprobrare atque objicere videretur, propter quod folius admonet dignitatis.*

3°. Le Demon afin de s'infinuer encore davantage dans l'efprit de celuy qu'il vouloit furprendre, méle dans fon difcours flateur des fentimens de compaffion

pour les souffrances du Sauveur, à l'indigence duquel
il paroît sensible , & desireux de pourvoir , luy con-
seillant de se subvenir à luy-même, & le voulant engager par-là de suivre son avis , & de se conformer à
ses sentimens, en faisant un miracle , ce qui sans doute
eût esté un avantage au Demon sur celuy qu'il tentoit :
*Vult quoquomodo obedientiam elicere à tentato , elaturus hinc
gloriam ,* dit saint Hilaire.

A tout cela le Sauveur ne replique rien , ni qui con-
tente la curiosité du Demon , ni qui montre qu'il fasse
aucune attention aux conseils , ou aux loüanges qu'il
luy donne, ni qu'il est le Fils de Dieu , ni qu'il ne l'est
pas : au contraire la réponse de Jesus-Christ , au lieu
d'éclaircir le Demon , l'aveugle , en ce que ne répondant rien sur ce qu'il le qualifioit Fils de Dieu, *si Filius
Dei es ,* il se contenta de se qualifier Fils de l'Homme :
Non in solo pane vivit homo; cette excellente remarque
est de saint Irenée : *Illum exclusit, nam ad illud , si Filius
Dei es, tacuit, & hominis confessione eum excæcavit, dicens ,
non in solo pane vivit homo.* Ainsi le Demon demeure
déconcerté ; mais pour le confondre encore davantage, Jesus-Christ veut bien ne luy point cacher ni les
besoins humilians de la nature humaine , ausquels il
s'estoit volontairement assujetti , ni sa confiance entiere aux soins paternels de celuy qui l'ayant soûtenu
pendant quarante jours & quarante nuits sans boire
ni manger, pourroit bien encore, s'il le vouloit, prolonger ce même secours, ou luy en donner un autre ;
comme il le fit ensuite , sans en venir à transformer la
nature , & à se faire par-là connoître pour auteur de

la nature, dit faint Ambroife, myftere que le Demon vouloit fçavoir, & que Jefus-Chrift ne vouloit pas luy découvrir : *Nam fi convertiffet naturam proderet creato-rem.* Tel avoit efté le piege dans lequel cet ouvrier de mille artifices, *mille artifex*, comme les Peres le nomment, avoit fait donner le premier homme, & telle fut la prudence avec laquelle nôtre nouvel homme détruifit les artifices de l'ennemi de l'homme; car le Sauveur, fans luy donner aucun figne qui le fit connoître pour ce qu'il eftoit, ni qu'il comprit les intentions fecretes & malignes du Tentateur, lequel vouloit le fonder, & le penetrer tout à la fois : *Sic tentat ut exploret, fic explorat ut tentet,* dit faint Ambroife; ni qu'il luy accordât un miracle que le Demon demandoit en preuve que Jefus-Chrift eftoit Fils de Dieu; ce divin Sauveur ne luy donna qu'une réponfe ambiguë qui le laiffa dans l'incertitude, fi celuy qu'il tentoit eftoit un pur homme, oüy ou non : *Sic refponfionem temperat ut relinquat ambiguum,* ajoûte faint Jerôme, luy difant que l'homme ne vit pas feulement de pain, mais de toute parole qui procede de la bouche de Dieu, lequel peut fubvenir à l'homme par mil autres moyens que par du pain, nous apprenant par cette fage conduite, & par ces humbles & religieux fentimens, à n'écoûter jamais les Demons, ni quand ils publient nôtre vertu, ni quand ils prêchent la verité, comme on l'apprend de plufieurs autres endroits de l'Evangile, où Jefus-Chrift les faifoit toûjours taire, quoiqu'ils criaffent que fa prefence les tourmentoit, quoiqu'ils annonçaffent qu'il eftoit le faint de Dieu, humiliant ainfi leur

orgueil,

orgueil, méprifant leur témoignage, leurs loüanges, & leurs confeils, détruifant leurs artifices, & découvrant leurs menfonges, qu'ils cachent fouvent du voile apparent de la verite, & toûjours à deffein de nuire; en un mot ne voulant rien recevoir d'eux, ni apprendre d'eux, ni leur apprendre rien : *Et certè erat valdè utile quod dicebant, fed magis eos humilians, magifque deprimens, eorumque infidias deftruens, falutaria quoque dogmata prædicantes, undique eorum ora claudens, & tacere præcipiens.*

Le Demon confus de voir fes flateries méprifées, fes confeils rejettez, fes fineffes découvertes, fes adreffes pernicieufes pour infpirer l'orgueil, l'indépendance, le murmure, la defiance, & pour penetrer les fecrets qu'il ignore, & qu'il voudroit fçavoir, demeurer fans aucun fuccés ; fentant bien que celuy qu'il avoit en tefte, fe conduifoit par des vûës fuperieures aux fiennes, ne fe décourage neanmoins pas encore; perfuadé de l'infirmité humaine, il préfumoit toûjours pouvoir aifément faire un pecheur de celuy qu'il préfumoit eftre un homme, dit faint Leon : *Ut quem verum experiebatur hominem, præfumeret poffe fieri peccatorem* ; c'eft pourquoy il fe refout de faire une feconde tentative, & d'éprouver fi celuy qui luy paroiffoit inacceffible à la gourmandife, feroit impénétrable à la vaine gloire ; car telle eft l'artificieufe méthode du Demon, pour perdre les fideles qui veulent fervir Dieu : Premierement il les attaque par l'intemperance, fous laquelle font compris tous les defirs charnels qui font la guerre à l'ame, felon l'expreffion d'un Apô

tre, defquels cette fenfuelle convoitife eft la fource,
& qu'il faut vaincre avant que de former aucun autre
deffein plus heroïque dans la milice fpirituelle : car,
comme enfeigne faint Gregoire, en vain, & tres-im-
prudemment, s'engageroit-on dans une guerre étrangere, tandis qu'on fe fent déchiré par une guerre inteftine : *Incaßum namque contra exteriores inimicos in campo*
bellum geritur, fi intra ipfa urbis mœnia, civis infidians ha-
betur. D'autant plus que l'ame honteufe, & affoiblie,
de fe voir affujettie à une fi baffe inclination que la
gourmandife, n'auroit ni la force, ni le courage d'entreprendre la guerre contre des ennemis plus redoutables : *Nam cùm fe parvis profterni confpicit, configere ma-*
joribus erubefcit. Auffi les Peres nous apprennent-ils,
qu'entre plufieurs autres raifons, le Demon n'ofa pas
tenter de luxure celuy qu'il voyoit fuperieur à la gourmandife, jufqu'à jeûner quarante jours, & à dompter
la neceffité de la nature, jufqu'à fouffrir la faim qui détruit la nature : *Nec enim qui gulam vicerat, poterat fornica-*
tione tentari, quæ ex illius abundantiâ ficut à radice procedit.
Verité qu'Adam & Eve n'éprouverent que trop à leur
grand dommage ; car à peine eurent-ils fuccombé à
l'intemperance qu'ils fuccomberent à l'incontinence :
Quandiu Eva in paradifo abftinuit, dit S. Jerôme, *tamdiu*
virgo permanfit ; quam citò abftinentiam violavit, corruptio-
nem fenfit : Intemperance que J. C. repara dans le defert,
par la temperance qu'il y exerça, jufqu'à ne pas ceder
à la faim qu'il fentit au bout de quarante jours, & de
quarante nuits de jeûne, domptant l'aiguillon de la
fenfualité, & méprifant le Demon, qui luy confeilloit

de subvenir à son pressant besoin , par un miracle
d'autant plus necessaire dans cette occasion , luy insi-
nuoit-il, qu'il ne paroissoit aucune autre ressource humaine , pour ne pas mourir de faim dans un desert
dépourvû de tout ; mais ces raisons furent inutiles ,
& l'aggresseur fut repoussé par tout : *Ita enim domitam
docuit esse oportere cupiditatem voluptatis , ut nec fami ceden-
dum sit,* dit saint Augustin.

SECONDE TENTATION.

De tout ce qu'on a dit , il paroît , selon saint Chrysostome , que le Demon en punition de son orgueil
& de sa curiosité criminelle , ne connut jamais au vray
la dispensation divine du mystere de l'Incarnation,
ni de l'union des deux natures en Jesus-Christ : *Nesciens ergo dispensationis divinæ mysterium , interrogat quod
ignorat. . . . . Nesciens manifestè suscepti hominis ineffabile
sacramentum.* Ce que la seconde interrogation qu'il
fit au Sauveur , ne découvre pas moins que la premiere ; car dans l'une & dans l'autre , on le voit toûjours incertain de ce qu'il en doit croire : Si vous
estes le Fils de Dieu , luy disoit-il, *dubitantis enim vox
hæc est , quâ scifcitatur, & dicit : Si Filius.* Ce soupçon l'al-
larmoit , car ayant rempli de pechez le monde , il crai-
gnoit que Jesus-Christ ne fût celuy qui devoit ôter les
pechez du monde , & par consequent le dépoüiller de
l'empire du monde : *Quia cùm ipse mundum peccatis im-
plesset , audit venisse qui tolleret mundi peccatum.* Pour sortir de cette penible inquiétude , il vouloit toûjours

exiger du Sauveur un miracle, en preuve qu'il eſtoit
celuy dont il redoutoit la venuë, ainſi qu'il le fit même
me enſuite par la bouche des Juiſs incredules : *Ma-*
giſter volumus à te ſignum videre. Mais quoiqu'il ne fût
pas diffiſile à celuy qui pouvoit changer les pierres en
enfans d'Abraham, de changer des pierres en du pain,
dit ſaint J an Chryſoſtome, il n'eſtoit pas convenable
que le Seigneur fit un miracle à la ſollicitation du Demon, ni qu'il ſe conformât à ſa volonté, ni qu'il luy
apprît ce qu'il vouloit ſçavoir : *Sed fas non erat Domi-*
num voluntati Diabolicæ obtemperare , & idcirco non illi
concedit Dominus id quod quærebat agnoſcere. Le Demon
n'ayant donc pû vaincre Jeſus-Chriſt par la ſenſua-
lité, entreprend de le vaincre par la vaine gloire: Le
maître du monde, qui s'eſtoit fait homme pour eſtre
la victime du monde , & qui devoit permettre aux
membres du Demon, qui ne ſont autres que les impies, de le conduire ſur le Calvaire pour y eſtre cruci-
fié, ne dedaigna pas de ſe laiſſer tranſporter par le
chef des impies, qui n'eſt autre que le Demon, ſur le
haut de la Ville de Jeruſalem, ſur le ſommet de la Cité
ſainte, ſur le pinacle du Temple, pour y eſtre tenté:
Tunc aſſumpſit eum Diabolus in ſanctam Civitatem, duxit
illum in Jeruſalem, & ſtatuit illum ſuper pinnaculum Tem-
pli De quoy par conſequent nous ne devons pas eſtre
ſurpris : *Quid ergo mirum ſi ſe ab illo permiſit in montem duci,*
qui ſe pertulit etiam a membris illius crucifigi? Or, quoique
la vaine gloire qui ſe tire des avantages de la nature,
ou de la fortune, ſoit toûjours mauvaiſe, il eſt certain
que celle qui ſe tire de la vertu, & de la ſainteté, qu'on

préfume avoir , eſt infiniment plus pernicieuſe ; l'une n'eſtant qu'humaine , & l'autre diabolique : & c'eſt celle dont il eſt icy fpecialement parlé , & dont le Demon voulut tenter Nôtre-Seigneur, comme il eſt aiſé de voir par les remarques ſuivantes. Car ,

1°. Le lieu ſeul où Satan transfiguré dans cette ſeconde attaque ſous la forme d'un Ange de lumiere , conduiſit & plaça le Sauveur qui venoit de vaincre dans la premiere attaque le même Satan transformé ſous la figure d'un homme , nous donne cette idée : ce fut en la Cité ſainte , en Jeruſalem , ſur le pinacle du Temple : *Pinna enim loci ſanĉti, perfeĉtio cœl. ſtis eſt ſacramenti*, dit ſaint Ambroiſe : tout reſpire icy la religion , & les tentations que le Demon y ſuggere tiennent de ce caractere ; on n'y parle que des Écritures, des Anges, & des faveurs merveilleuſes que le Juſte reçoit de la Providence divine.

2°. Les paroles du Tentateur à Jeſus-Chriſt conviennent parfaitement à cela : Si vous eſtes le Fils de Dieu, luy dit-il, jettez-vous en-bas du lieu élevé où vous eſtes, il n'y a rien à craindre pour vous : car n'êtes-vous pas le Fils de celuy qui marche ſur les aîles des vents : *Qui ambulas ſuper pennas ventorum ;* ſans doute que vous eſtes le vray Lucifer tout brillant de lumiere & de ſplendeur, qui pouvez poſer en toute aſſurance vôtre thrône ſur la hauteur des nuées : *Super altitudinem nubium exaltabo ſolium meum.* Vous eſtes le maiſtre des Anges, qui, comme vos miniſtres, vous porteront entre leurs mains, de peur que vous ne tombiez : *Si Filius Dei es , mitte te deorſum , ſcriptum eſt enim, quia Angelis ſuis*

mandavit de te , & *in manibus tollent te , ut conservent te.*
Tel fut le difcours du feducteur pour jetter le Sauveur
dans l'illufion , & l'éblouïr par le vain éclat d'une
fainteté brillante , comme voulant luy faire croire
que tout le monde le voyant ainfi élevé entre le Ciel
& la terre , non comme Elie par une force étrangere
dans un char de feu , mais par fa propre vertu , le re-
connoiftroit pour le Fils de Dieu, l'admireroit, l'adore-
roit ; & c'eft ainfi que le Demon envieux, difent les
Peres, eftant tombé du haut dégré de gloire & de fainteté dans lequel il avoit efté formé , dans le goufre de
l'apoftafie , ne ceffe de porter les hommes à fe précipiter du haut dégré de grace dans lequel ils ont efté
regenerez, dans l'abîme de la prévarication : *Semper*
enim religiofos de fuperioribus dejicere ad inferiora conatur ,
dit faint Ambroife : En effet, continue ce Pere , c'eft-
là une vraye voix diabolique : *Verè Diabolica vox , quid*
enim tam proprium Diabolo , quàm fuadere ut unufquifque fe
mittat deorfum ? Pourquoy donc s'étonner fi cet efprit
jaloux & craintif qu'on aille occuper la place dont il
eft déchû, ne dit pas au Sauveur : Si vous eftes le Fils de
Dieu , élevez-vous en haut, montez au Ciel ? *Conve-*
nientiùs dixerit : Si Filius Dei es afcende ad Cælum , felon
faint Chryfologue.

3°. A cette tentation de la vaine gloire tirée du côté
de la fainteté digne d'un Fils de Dieu, le Demon joint
l'aiguillon de la curiofité , dont il veut tenter Jefus-
Chrift, ou le defir fecret d'experimenter ce qui arri-
veroit s'il fe jettoit en bas , fi les Anges le foûtien-
droient, fi l'on verroit quelque figne merveilleux , le

Demon s'eſtant ſervi de cette même tentation de curioſité pour perdre nos premiers parens , leur diſant
s'ils mangeoient du fruit défendu que leurs yeux s'ou-
vriroient, qu'ils connoiſtroient le bien & le mal, qu'ils
ſeroient ſçavans comme des Dieux : *Non enim ut ſe de
faſtigio Templi præcipitaret urgebat , niſi cauſa tantùm aliquid experiendi* , dit ſaint Auguſtin.

4°. Ce Demon du midy voulant jetter toûjours de
plus en plus celuy qu'il tentoit dans l'illuſion , & l'engager par des raiſons également trompeuſes, & ſpe-
cieuſes, de s'expoſer à des perils tout viſibles, mais
colorez, ſous pretexte d'un abandon aveugle aux ſecours de la Providence dont il le flatoit ; il luy allegue
un paſſage de l'Ecriture, comme renfermant une prophetie déciſive en cette occaſion , & une promeſſe
formelle que Dieu, par le miniſtere des Anges, le ſoû-
tiendroit ſuſpendu au milieu des airs, ſans qu'il luy
arrivât aucun mal, ce qui ne pouvoit ſervir qu'à flater
& nourrir la vaine gloire, & ne ſeroit d'aucune utilité ;
marque aſſurée qu'un vol ſemblable ne pourroit venir de Dieu, dit ſaint Chryſoſtome : *Volare enim per aëra
non eſt propriè opus Dei , quia nulli utile eſt , ſed propter oſten-
tationem tantùm , ideoque eſt potiùs ex Diabolo quàm ex Deo.*
Le diſcours du Demon eſtoit donc un piege coloré :
*Si Filius Dei es , mitte te deorſum ; ſcriptum eſt enim quòd An-
gelis ſuis mandavit de te , ut conſervent te , & in manibus tollent te.* De cette ſorte le Demon vouloit tenter le Sauveur de vaine gloire , de curioſité, de préſomption ,
& connoiſtre par quelque endroit ſi il eſtoit vraye-
ment le Saint des Saints, ou non : car tel eſt encore

un coup le fifflement continuel du ferpent aux Fideles tentez, qu'il tâche d'induire à fe jetter du haut dégré de grace où ils font élevez, dans l'abîme ou du vice, ou du defefpoir, ou de l'illufion, & aufquels il ne ceffe de dire : *Mitte te deorfum.* Comme au contraire la voix du Seigneur eft : Cherchez les chofes d'enhaut, *quæ furfum funt quærite.* Mais fi le Diable peut leur fuggerer le précipice, il ne peut les y jetter, continuë ce Pere ; *vox Diaboli, quæ femper omnes cadere deorfum defiderat .... perfuadere poteft, præcipitare non poteft :* C'eft pourquoy le Demon avoüant fa propre impuiffance, difoit bien au Sauveur de fe précipiter, mais fans entreprendre de le précipiter, *mitte te deorfum.* Comme il voulut le faire dans la fuite, mais par le miniftere des Juifs de Nazareth ; grande confolation pour les ames tentées : car ce qui fe paffa dans le chef, eft une inftrution pour les membres, qui fçavent, comme s'exprime ailleurs faint Auguftin, que le Demon peut folliciter, & aboyer, mais qu'il ne peut mordre que ceux qui le veulent bien : *Sollicitare poteft, latrare poteft, mordere omninò non poteft nifi volentem ; non enim cogendo, fed fuadendo nocet, nec extorquet à nobis confenfum, fed petit.* Car, comme ajoûte encore faint Ambroife, le Demon ne peut précipiter que celuy qui fe précipite luy-même : *Nemini poteft nocere Diabolus, nifi ipfe fe miferit ;* & qui ignore cette parole du Prophete ? Vôtre perte vient de vous, ô Ifraël, & vôtre falut vient de moy : *Perditio tua ex te,* comme lifent plufieurs Peres, *Ifraël, tantummodo ex me auxilium tuum.*

5°. Comme le Sauveur avoit repouffé la premiere tentation

tentation par l'autorité de l'Ecriture, le Demon pour former une seconde attaque se sert des mêmes armes de l'Ecriture, mais à contre-sens ; en cela le vray précurseur, & patron des heretiques, qui sçachant bien qu'on ne les encroira pas à la parole des hommes, prétendent toûjours avoir trouvé leur doctrine dans la parole de Dieu, qu'ils détournent à leur mauvais sens. Car, comme observe spirituellement saint Bernard, le Seigneur a bien promis à l'homme juste de le conserver dans les voyes où il marche prudemment, mais non dans les précipices où il se jette temerairement : *Angelis suis mandavit de te , ut custodiant te in omnibus viis tuis : numquid in præcipitiis? non est via hæc , sed ruina ; aut si via , tua est , non illius.* Cette fausse application de l'Ecriture fut découverte & refutée en un instant par cette simple , claire , & douce réponse du Sauveur, qu'il est écrit : Vous ne tenterez point le Seigneur vôtre Dieu : *Et respondens Jesus , ait illi , rursum scriptum est , non tentabis Dominum Deum tuum.* Refutation admirée des saints Peres, comme faite, aussi-bien que les autres, sans clameur , sans hauteur, sans mépris du Tentateur , sans complaisance sur soy-même, nous apprenant que c'est par la patience, le silence , & la prudence , que l'on surmonte le Tentateur , & qu'on dissipe ses tromperies : *Nos utique docens*, dit saint Chrysostome, *quòd Diabolum per patientiam atque tolerantiam superari oporteat, nihilque ad ostentationem nostri , atque amorem facere gloriandi.* Ce divin Sauveur s'estant proposé de vaincre ce fort armé , non par sa puissance , ce qui luy eût esté aisé , & à nous tout-à-fait impossible, mais par l'humilité , ce

qui nous convient parfaitement, dit saint Jerôme :
Ideo sic respondit Dominus, quia propositum erat de humilitate
Diabolum vincere, non potentiâ. Et ce fut ainsi, ajoûte ce
sçavant Pere, que les fléches du faux interprete de
l'Ecriture se brisent sur le bouclier impénétrable de
la verité : *Malè ergo interpretatur scripturas Diabolus....*
falsas de scripturis Diaboli sagittas, veris scripturarum
clypeis frangit. Ce qui nous apprend, ajoûte saint Ambroise, que Satan transfiguré en Ange de lumiere,
dresse souvent sous des passages de l'Ecriture sainte,
des pieges à la simplicité des Fideles, d'où naissent les
heresies, engeance pernicieuse de ce premiermenteur,
& pere par consequent du mensonge : *Disce hìc quoque*
quòd Satanas transfigurat se velut Angelum lucis, & de scrip-
turis ipsis divinis. sæpe laqueum fidelibus parat, hinc hæreticos
facit. Que l'heretique ne vous embarrasse donc pas
dans ses lacets couverts de quelques autoritez de l'E-
criture mal entenduë, & ne vous aveugle pas sous
pretexte de vous éclairer : *Ergo non te capiat hæreticus,*
quia potest de scripturis aliqua exempla proferre, non ut do-
ceat, sed ut fallat. Les Novateurs vont plus loin, car
non seulement ils détournent en un mauvais sens les
passages de l'Ecriture, mais encore ils les tronquent :
d'où vient que cet esprit, non moins artificieux qu'orgueilleux, alleguant au Sauveur, comme le traittant
d'infirme, que les Anges le soûtiendroient, de peur
qu'il ne tombât, supprime la prophetie suivante qui
prédisoit sa force ; sçavoir qu'il marcheroit sur l'aspic,
& sur le basilic, & qu'il fouleroit aux pieds le Lion &
& le Dragon : *De Angelorum auxilio quasi ad infirmum lo-*

quitur, de fua conculcatione quafi tergiverfator tacet. On a
de la peine à s'imaginer que le Diable puiſſe en venir
là, que d'eſperer de pouvoir renverſer l'eſprit d'un
homme juſqu'à luy perſuader de ſe précipiter, & que
l'homme puiſſe en venir juſqu'à une illuſion ſi groſ-
ſiere, que d'adherer à une ſi viſible tromperie. Mais
depuis qu'un eſprit foible s'eſt laiſſé remplir de l'idée
qu'il eſt un ſaint, que Dieu ſe communique à luy d'u-
ne façon particuliere, qu'il eſt favoriſé de viſions, de
revelations, de paroles interieures, de dons même de
prophetie: il n'y a égarement, quelque groſſier qu'il
ſoit, dans lequel il ne puiſſe ſe laiſſer aller. En voicy
un exemple entre pluſieurs, rapporté par Caſſien, en
ces termes : Souvenez-vous, diſoit ce celebre Abbé,
parlant à ſes freres aſſemblez, ſouvenez-vous d'un
accident déplorable arrivé depuis peu de jours dans ce
deſert : *Recolite id quod ante paucos dies geſtum vidiſtis*, en
la perſonne d'un de nos Solitaires, nommé Heron, qui
de la pratique des vertus les plus ſublimes, eſt tombé
dans l'abîme le plus profond de la perdition par une
illuſion diabolique : *Illuſione diabolicâ à ſummis ad ima
dejeſtum :* Il avoit vêcu l'eſpace de cinquante années
dans ce deſert, pratiquant la vie du monde la plus au-
ſtere, choiſiſſant pour ſon ſéjour les grotes les plus re-
culées : *Quinquaginta annis in hac eremo commorantem, ſin-
gulari diſtrictione, &c.* Gardant un jeûne, & obſervant
un ſilence ſi rigoureux, qu'il ne ſe relâchoit pas même
le ſaint jour de Pâques, pour venir prendre quelques
legumes avec les freres, & converſer quelque peu de
temps avec eux en l'honneur d'une ſi grande celebri-

G ij

té: *Ne quantulumcumque perceptione leguminis parvi à suo videretur proposito relaxari.* Le Demon envieux d'une vertu si rare, entreprit de le séduire; il luy apparut sous la figure d'un Ange de lumiere, & aprés divers dialogues, luy renversa tellement le sens, qu'il luy persuada de se précipiter en pleine nuit dans un puits tres-profond. *Semetipsum præcipitem in puteum dedit.* Ce pauvre aveuglé se confiant aux promesses que le Tentateur luy avoit faites de n'en recevoir aucun mal, s'y jetta, *de Angeli videlicet sui sponsione non dubitans.* Les freres accourus au bruit l'en retirerent à demi-mort: il languit neanmoins encore trois jours, au bout desquels il expira; & ce qui est de plus inconcevable, sans vouloir jamais se laisser désabuser, ni croire que c'estoit un Ange de Satan qui l'eût trompé, expirant obstiné dans son erreur, quelque chose qu'on luy pût dire: *In deceptionis suæ obstinatione permansit.* Le Seigneur nous apprenant, dit saint Chrysostome, sur l'Evangile de ce jour, à ne rien faire contre la raison, à ne rien faire avec vanité, à ne rien faire par instinct du Demon. Trois inconveniens où tombe celuy qui ne prend conseil que de luy même: *Nihil absque ratione, vel cùm aliqua vanitate, nec Diabolo unquam credamus.*

On peut observer icy, que comme le Demon fut l'auteur des trois tentations rapportées dans l'Evangile, aussi y est il qualifié de trois noms qui se rapportent à ces trois tentations. 1°. De Tentateur, *& accedens Tentator,* ayant voulu par ses malignes interrogations & suggestions, sçavoir à mauvais dessein quel estoit le Sauveur, & le porter au peché. 2°. De Diable ou de Calomniateur , *aſſumpſit eum Diabolus* , ayant fauſſement accuſé le Seigneur d'enſeigner dans ſes écritures qu'on pouvoit ſe précipiter ſous pretexte du ſecours des Anges, *mitte te deorſum.* 3°. De Satan, ou d'Adverſaire, *vade Satana,* ayant oſé s'oppoſer à l'adoration qu'on doit à Dieu ſeul, & voulu ſe faire adorer en ſa place , accompliſſant cette parole de ſaint Paul : *Qui, adverſatur & extollitur ſupra omne quod dicitur Deus , aut quod colitur, ita ut in Templo Dei ſedeat , oſtendens ſe tanquam ſit Deus.*

TROISIE'ME TENTATION.

Le Demon , quoique deſeſperé de ce que dans les deux précedentes attaques, il n'avoit pû malgré ſes efforts & ſes ruſes, donner aucune atteinte, ni à la force , ni à la prudence du Sauveur, ne laiſſe pas de s'obſtiner encore par le mouvement d'une rage nouvelle, de vouloir renverſer à quelque prix que ce fût, celuy dont la fermeté luy avoit paru juſques alors inébranlable : pour cet effet, il le tranſporte derechef ſur le ſommet d'une tres-haute montagne : *Iterum aſſumpſit eum Diabolus in montem excelſum valdè :* Là il luy montre tous les Royaumes du monde, avec toute leur gloire , *& oſtendit ei omnia regna mundi, & gloriam eorum ;* & luy dit : Je vous donneray toutes ces choſes, ſi proſterné devant moy, vous m'adorez : *Hæc omnia tibi dabo, ſi cadens adoraveris me.* Tentation déteſtable dont il faut découvrir l'artifice & la malignité ; mais auparavant, dit ſaint Chryſoſtome, ne vous étonnez pas, ſi le De-

mon tourne tantôt d'un côté, tantôt de l'autre, pour
se donner quelque entrée dans le fort inexpugnable
de celuy qu'il assiege : *Neque verò mireris, si Diabolus
sæpe huc atque illuc vertatur.* Car telle est la coûtume des
guerriers, qui plus ils sont couverts de poussiere & de
sang, plus ils s'acharnent au combat : *Ita hic quoque Diabolus.* Ainsi le Diable, quoique infiniment honteux de
ses deux défaites précedentes, quoique griévement
blessé des fléches de celuy qui l'avoit repoussé, revient
neanmoins encore au combat avec plus d'opiniâtreté
que jamais, & joüe de son reste, pour ainsi dire.

Il commence par flater de nouveau le Sauveur, &
comme charmé de sa vertu merveilleuse, il veut luy
ceder sa place & son trône ; en un mot, tout ce qu'il
possede, sans se conserver de tant de biens & d'honneur, que le seul tribut de la dépendance, & de-la re-
connoissance pour un si grand bienfait : *Hæc omnia
tibi dabo, si cadens adoraveris me.* Il avoit d'abord fait
marcher en teste de son entreprise, la tentation de la
sensualité, & ensuite celle de la vaine gloire, qui de-
vancerent celle-cy, laquelle il reservoit comme la plus
efficace, afin d'achever, comme il le croyoit, d'abat-
tre ce que les deux précedentes auroient ébranlé : *Ex-
tremum illud reservans, quasi quod omnibus valentius esse
judicaret, & magis ad supplantandum idoneum.* En effet, la
possession de l'Univers entier, & de tous les Empires
du monde, qui pour lors estoit dans le dernier periode
de pompe & de magnificence, surpassoit infiniment
les deux autres tentations, & les renfermoit éminem-
ment elle seule ; il les fait donc agir toutes trois à pre-

sent, persuadé qu'il surmonteroit par la multitude des tentations réunies, celuy qu'il n'avoit pû vaincre par des tentations séparées : il luy montra tous les Royaumes du monde avec leur gloire & leur puissance, & il luy dit : Je vous donneray toutes ces choses, si prosterné devant moy vous m'adorez : *Ostendit ei omnia regna mundi, & gloriam eorum, & ait illi : Hæc omnia tibi dabo, si cadens adoraveris me.* Que d'instructions lumineuses ne peut-on pas tirer de ces paroles tenebreuses ?

1º. Le Diable montre au Sauveur tous les Royaumes de la terre : *Ostendit illi omnia regna terræ.* Car pour le Royaume des Cieux, il n'en parle pas : il l'a perdu, il ne peut ni le posseder, ni le procurer : il ne peut ni l'esperer pour luy, ni le donner aux autres : Ah ! comment cet Ange si élevé, est-il tombé du plus haut des Cieux, au plus bas de la terre ? *Quomodo corruisti in terram ?* s'écrie le Prophete : Comment cet Astre du matin, ce vray Lucifer, qui paroissoit si brillant au point du jour, lors de la naissance de l'Univers, s'est-il obscurci ? *Quomodo cecidisti de cælo, Lucifer, qui manè oriebaris ?* réduit à se traîner sur la terre, & à manger la terre, il ne promet plus à ceux qu'il tente que la terre ; c'est-à-dire un amas de poussiere, un corps grossier, pesant, immobile, corruptible, informe, qui n'est qu'un point, en comparaison des Cieux, incorruptibles, lumineux, sublimes, vastes & grands, toûjours mobiles, toûjours éclatans, & parsemez d'astres, qui font la perfection & la beauté de l'Univers : que la terre me semble vile & méprisable, quand je regarde le Ciel, disoit un grand Saint : *Quàm sordet terra dùm cælum aspi-*

cio. Mais quoy, le Demon eſt déchû de ce riche Royaume, il eſt exclus de ce beau ſéjour, il n'offre plus que
que la terre à ceux qu'il tente, que des biens periſſa-
bles & paſſagers, incapables de remplir le cœur, & de
contenter les deſirs de l'homme : combien donc encore plus vainement offroit-il la terre au Monarque
des Cieux, à celuy que les Cieux même ne peuvent
contenir? *Oſtendit ei omnia regna orbis terræ, & ait illi: Hæc
omnia tibi dabo.*

2°. Saint Matthieu ſe ſert d'une autre expreſſion,
differente à la verité dans les termes, mais la même
dans le fonds; il dit que le Demon preſenta au Sauveur tous les Royaumes du monde : *Oſtendit ei omnia
regna mundi*; car qu'eſt-ce que le monde, auſſi-bien
que la terre, ſinon le ſéjour de la corruption, de la vanité, de l'inſtabilité, de l'iniquité, de l'injuſtice, du
menſonge, de la miſere, de la pauvreté, de l'affli-
ction, des gemiſſemens & des larmes, de la maladie,
& de la mort; le monde encore une fois que toute
l'Ecriture proſcrit, & réprouve, & nous deffend d'ai-
mer : *Nolite diligere mundum, neque ea quæ in mundo ſunt.*
Qu'eſt il autre choſe que concupiſcence de la chair,
ou concupiſcence des yeux, ou orgueil de la vie?
Qu'eſt-il autre choſe qu'un phantôme qui paſſe, & qui
ne revient plus : *Tranſit mundus, & concupiſcentia ejus* :
Tel eſt le bien periſſable & corruptible, que le Demon
trompeur, offroit à celuy qui vit heureux dans les ſiecles des ſiecles : *Oſtendit ei omnia regna mundi, & ait
illi, hæc omnia tibi dabo, ſi cadens adoraveris me.*

3°. Le Demon ajoûte un nouvel objet à la tentation;

tion : il montre au Sauveur la puiſſance & la gloire de
toutes les Monarchies de l'Univers, pour lors dans le
plus haut point de la grandeur, avec promeſſe de luy
en faire don, s'il veut à ce prix l'adorer : *Oſtendit ei omnia
regna mundi, & gloriam eorum, & ait illi : Hæc omnia tibi
dabo ; tibi dabo poteſtatem hanc univerſam, & gloriam illo-
rum, ſi cadens adoraveris me.* Ah ! que promettoit-il ? la
gloire du monde, une vapeur, une imagination, une
fumée : *Aſcendentem, tumeſcentem, vaneſcentem,* dit
ſaint Auguſtin ; ô gloire, ô gloire humaine, s'écrie
un ſage, qu'eſtes-vous autre choſe, qu'une vaine enflure, que le cœur conçoit par l'oreille ? qu'eſtes-vous
autre choſe qu'un beau ſonge, qui s'envole & ſe diſſi-
pe du moment qu'on ouvre les yeux, dit le Prophete :
*Et ſicut ſomniat eſuriens, & comedit, cùm autem fuerit ex-
pergefaĉtus, vacua eſt anima ejus.* Voilà ce que le Demon preſentoit à celuy qui poſſede, & qui communique une gloire immortelle : *Oſtendit ei omnia regna mundi, & gloriam eorum, & ait illi : Tibi dabo gloriam hanc ſi
cadens adoraveris me.*

4°. Cet eſprit menteur ſe ſert d'un nouveau motif
pour engager le Sauveur d'accepter les biens qu'il luy
offre, & pour luy en aſſurer la poſſeſſion ; c'eſt, dit-il,
parce qu'ils ſont à moy, & qu'ils m'ont eſté donnez,
& qu'ils m'appartiennent : *Quia mihi tradita ſunt.* Il eſt
vray que tout ce monde viſible, ayant eſte fait pour
l'homme, & le peché en ayant dépoüillé l'homme, le
Seigneur ſe retira de l'homme, & le Demon, qui avoit
ſubjugué l'homme, s'empara de l'homme comme
d'une maiſon vacante, d'un bien conquis, comme
d'un heritage délaiſſé par le maiſtre, & que le Demon

H

ne poſſede qu'à titre de violent uſurpateur : Comment donc cet impoſteur oſoit-il alleguer cette raiſon, pour ſéduire celuy qui, par ſa lumiere pénétrante, avoit déja détruit ſes artifices? ou comment le fidele tenté, mais éclairé, ſeroit-il aſſez ennemi deluy-même, pour convoiter les biens & les honneurs du monde, ſçachant qu'ils appartiennent au Diable ? *Hæc omnia tibi dabo, quia mihi tradita ſunt.*

5°. Le Demon ajoûte qu'il eſt le diſpenſateur des Royaumes, & des Empires qu'il promet au Sauveur, & qu'il les donne à qui bon luy ſemble : *Hæc omnia tibi dabo, quia mihi tradita ſunt, & cui volo do illa :* Il fait un nouveau menſonge : il entreprend ſur les droits de la Providence : il s'arroge un pouvoir qui ne luy appartient pas : il eſt fourbe en ce qu'il dit, infidele en ce qu'il promet, arrogant en ce qu'il s'attribuë, injuſte en ce qu'il prétend : d'ailleurs je veux que les biens de ce monde ſoient à luy, comme il s'en vante, eſt-ce un motif agréable pour les faire convoiter, que de dire qu'ils ſont au Diable, & qu'on les recevra de la main du Diable? Et comment le Diable eſpereroit-il ſur une ſemblable aſſurance que c'eſt luy qui les donne, s'attirer l'adoration de l'homme? Eſt-ce-là un bien ſi deſirable que vous deviez le chercher & l'accepter avec action de graces d'un tel maiſtre? O vous, s'écrie ſaint Auguſtin, vous qui n'eſtes rien moins que l'heritier de Dieu, & le coheritier de Jeſus-Ch. devez-vous deſirer un tel preſent ? *Tale tu bonum quæris, hæres Dei, & cohæres Chriſti :* Quelle folie à Satan de dire au Sauveur, lequel venoit en ce monde prêcher le mépris des biens de la terre, & faire adorer le Dieu du Ciel, qu'il l'enrichiroit des biens de la terre, pourvû qu'à ce prix il voulut l'adorer : *Hæc omnia tibi dabo, quia cui volo do illa.*

6°. Voicy un nouveuu motif pour méprifer fes prefens ; le Demon aprés avoir étalé aux yeux de Jefus-Chrift tous les Royaumes du monde, avec toute leur puiffance & leur gloire, trouve l'art de les ramaffer tous enfemble, & de les luy faire voir en un moment, & comme en un point de vûë : *Oftendit ei omnia regna mundi, & gloriam eorum in momento temporis* ; ô Dieu, que toutes ces prétenduës grandeurs font peu de chofes, puifqu'on les voit toutes en un feul moment de temps, en un inftant, en un clin d'œil ? *In momento temporis.* Que font-ils en comparaifon de ces biens incomprehenfibles & éternels, que l'œil n'a jamais vûs, que l'oreille n'a jamais entendu, que le cœur humain n'a jamais compris ? O Ifrael, s'ecrie le Prophete, que la maifon du Seigneur eft grande, que le lieu de fon habitation eft fpacieux, vafte, infini, fublime, immenfe ! *O Ifraël, quàm magna eft Domus Dei, & ingens locus poffeffionis ejus ! magnus eft & non habet finem, excelfus & immenfus!* Et comment le Demon ofe-t-il propofer à l'homme une gloire fi paffagere & fi fragile, que celle de la terre, en échange de celle du Ciel, qui ne finira jamais ? il offre tous les Royaumes du monde, mais cet auteur de la mort, cet homicide dés le commencement, ce meurtrier du genre humain ne fçauroit prolonger d'un jour la vie de l'homme, aux oreilles duquel cette parole retentira toûjours : *Stulte, hac nocte animam tuam repetunt à te, quæ autem parafti cujus erunt?* & le lendemain n'eft pas en fon pouvoir, auffi

ne le promet-il pas icy. Quelle illusion! le Demon
tentoit le Roy des siecles, en luy offrant le regne d'un
moment, dit saint Augustin : *De elatione regni terreni
voluit tentare Regem sæculorum.*

7°. Enfin ce qui fait voir la vanité des promesses du
Demon, & la foiblesse, aussi-bien que l'aveuglement
de ceux qui l'écoûtent, est le peu de cas qu'il fait luy-
même de ses dons, par rapport, sur tout, à l'ame de
l'homme : car tout ambitieux & tout amateur qu'il
soit de la domination, il proteste cependant qu'il est
prest de ceder tous les Empires de l'Univers, pourvû
qu'à ce prix il puisse acquerir une seule ame : *Hæc omnia tibi dabo*, dit-il, *si cadens adoraveris me.* O mon ame,
connoissez par-là ce que vous valez, s'écrie saint Augustin, & relevez-vous de l'avilissement où le peché
vous a réduit? que si vôtre fragilité vous a rendu méprisable à vos propres yeux, mesurez vôtre merite à
l'estime même qu'en fait vôtre ennemi, & au prix que
vôtre Sauveur en a donné : *Tanti vales, anima mea, erige
te, si vos vobis ex terrena fragilitate viluistis, ex pretio
vestro vos appendite.* Apprenez de saint Chrysostome,
que le monde entier n'est qu'un neant en comparaison d'une ame: *Nihil est quod animæ possit æquiparari, ne
universus quidem mundus.* Apprenez de saint Ambroise,
que tout l'Univers n'est pas capable d'estre la rançon
d'une ame : *Exiguus est totus mundus pro unius animæ sti-
pendio.* Apprenez que sous ces grands noms de Royaume & de gloire, le Demon n'offre aux sensuels que
des pierres, aux ambitieux que des précipices, aux
avares & aux impies que des idoles: *Hæc omnia tibi dabo,
si cadens adoraveris me.* Quels presens sont cecy? encore

faut-il tomber pour les avoir, parce que cen'eft qu'en tombant qu'on peche, & qu'on l'adore, *fi cadens*, & qu'il précipite toûjours celuy qu'il tente, d'une chûte en une autre, d'un crime mediocre en un plus grand, comme il parut dans Adam, dit faint Chryfoftome, & comme il paroît dans l'ordre des tentations du Sauveur, qu'aprés diverfes fuggeftions, les unes plus pernicieufes que les autres, il voulut enfin jetter dans une apoftafie entiere, dans le renoncement du vray Dieu, dans l'adoration du Diable : Je vous donneray toutes ces chofes, luy dit-il, fi profterné devant moy vous, m'adorez : *Hæc omnia tibi dabo, fi cadens adoraveris me.*

C E fut ainfi que les trois précedentes tentations, qui, dans la doctrine de faint Chryfoftome, renferment toutes les autres : *Hæc enim funt . . . . mibi quidem, tentationum capita . . . . . quæ in fe innumera comprehendunt;* furent mifes en ufage par Satan contre le Sauveur : il les fit fucceder les unes aux autres, commençant par les moindres, & refervant, felon fa maligne coûtume, les plus puiffantes pour les dernieres : *Hic quippe mos deceptionis ejus eft, ut quæ magis ad fupplantandum idonea effe crediderit, hæc adhibeat extrema.* Mais tout cela fut inutile, celuy qui prétendoit fupplanter fut fupplanté; le Sauveur attaqué par toute forte d'endroits ne fut entamé par aucun : *Tentatum per omnia abfque peccato.* Et foit qu'il ait éprouvé diverfes autres tentations en particulier pendant les quarante jours de fa retraite au defert, comme l'Evangelifte pourroit

le donner à entendre, selon saint Augustin, & divers
autres Peres : *Et erat in deserto quadraginta diebus, & qua-*
draginta noctibus, & tentabatur à Satana. Soit qu'il n'y
ait eu que les trois tentations marquées cy-dessus, qui
neanmoins renferment en substance les autres, le Demon se retira confus, étonné, vaincu : Toute tentation estant consommée, *& consummatâ omni tentatione,*
Diabolus recessit ab illo. Expression dont l'écrivain sacré
n'useroit pas, dit saint Ambroise, si toutes sortes de
tentations diaboliques, séparément ou conjointe-
ment, n'avoient esté mises en œuvre contre le Sauveur : *Neque enim tribus esset omnium materia delictorum,*
quorum semina in ipsa origine sunt cavenda. Jesus Christ,
qui s'estoit contenté de rejetter les deux premieres
tentations par un seul mot, mais qui fermoit toute entrée au Demon, voyant que cet esprit impie, loin de
paroître humilié, avoit l'audace de revenir pour la
troisième fois, de vouloir prendre la place du Créateur, & de se faire adorer : *Si cadens adoraveris me*, plein
de zele & d'indignation contre ce sacrilege, luy repliqua : Retire-toy Satan, *vade, Satana*; car il est écrit :
Vous adorerez le Seigneur vôtre Dieu, & vous ser-
virez à luy seul. Saint Chrysostome croit que ces paroles foudroyantes, ne renferment pas tant un repro-
che au Demon de son horrible impieté, qu'un com-
mandement terrible de se retirer ; ce que Satan fût
contraint de faire sur le champ, *& Diabolus recessit ab*
illo, repoussé par une vertu secrette & puissante, qui
sortant du Sauveur, l'expulsa vivement, & luy fit sen-
tir le pouvoir de celuy dont jusqu'alors il n'avoit
éprouvé que le rebut : *Vade, inquit, Satana, quod præ-*

ceptum magis quàm increpatio fuit. Ordre imperieux qui le mit en fuite sans délay : *Postquam verò ei dixit : Vade, continuò illum vertit in fugam.* Tout ceci est de saint Chry-sostome.

Le Chef des Apôtres, quoique saint, quoique plein d'amour pour Jesus-Christ, dit saint Augustin, mais encore homme, & ne comprenant pas encore assez le mystere de la Croix : *Petrus sanctus diligens Dominum, sed ad huc non plenè intelligens, &c.* s'avançant un jour vers le Sauveur, & se mettant à la teste des autres Disciples, osa le reprendre de ce qu'il prédisoit, & paroissoit embrasser le supplice ignominieux qu'il devoit souffrir sur le Calvaire ; peu sçavant alors dans le mystere de la Croix, il vouloit empêcher que celuy-là mourût, qui par sa mort temporelle devoit empêcher que nous ne mourussions de la mort éternelle : *Ne moreretur ille qui venerat ut moreretur, ne nos in æternum moreremur* ; mais le Seigneur luy répliqua : Va aprés moy, Satan : *Vade retrò me, Satanas.* Saint Pierre vouloit préceder son maistre, & par ses conseils, sages, comme il croyoit, le redresser : *Præcedere volebat Dominum suum, & duci cælesti terrenum dare consilium.* Mais le Seigneur voulant que le Disciple suivît le Maistre, & le pelerin son guide, luy ordonna de marcher aprés luy : *Vade post me, Satana,* va derriere moy Satan, *vis antecedere eum quem debes sequi, vis ducere ducem, docere magistrum.* Le Seigneur ne dit donc pas à Pierre de s'en aller absolument, il luy dit d'aller aprés luy ; au contraire le Seigneur dit icy à Satan, non pas d'aller aprés luy, ni derriere luy, mais absolument de se retirer loin de luy : *Vade, Satana* ; ce qui chassa ce malheureux dans

In Ps. 55.

le moment , *& Diabolus reeeſſit* : Cette fuite fut ſuivie
de l'apparition des bons Anges à Nôtre-Seigneur,
leſquels aprés avoir eſté les temoins inviſibles, & les
admirateurs des jeûnes & des victoires du Fils de Dieu,
ſe preſenterent à luy ſous une forme viſible pour eſtre
les adminiſtrateurs de ſes beſoins : *Et ecce Angeli acceſ-
ſerunt, & miniſtrabant ei.* Ils vinrent, non à ſon aide, mais
à ſon ſervice , dit ſaint Auguſtin : *Ad obſequium , &
ſervitium, non ad adjutorium.* Ils vinrent, non pour ſubve-
nir aux beſoins d'un indigent, mais pour montrer
leur dépendance envers le Tout-puiſſant : *Non tanquam miſericordes indigenti, ſed tanquam ſubjecti omnipotenti.*
En effet, il eſtoit juſte que les Anges reparaſſent par
leur ſoumiſſion , l'injure que Satan venoit de faire à
Jeſus-Chriſt, en luy propoſant ſon adoration : que Jeſus-Chriſt reçût de la main des Anges , le pain qu'il
n'avoit pas voulu recevoir de la main des Demons ;
qu'ils rétabliſſent par un ſervice convenable, la fauſſe
interpretation que Satan avoit donnée à l'Ecriture,
au ſujet du ſervice dont ces eſprits bienheureux ſont
tenus envers leur maiſtre , & qu'ils vinſſent remplir
par leur humble preſence devant Jeſus-Chriſt , la place de Satan, qui venoit d'en eſtre chaſſé par ſa faſtueuſe
arrogance : *Et Diabolus receſſit ab eo.*

    Enfin que toute créature chacune en ſa maniere ,
reconnût & reverât ſon auteur fait homme ; les Anges comme leur maiſtre : *Angeli miniſtrabant ei* ; les Demon comme leur Juge, *& reliquit eum Diabolus* ; les
bêtes comme leur ouvrier, *erat que cum beſtiis.*

F I N.

Juin 1712.

9 782329 563442